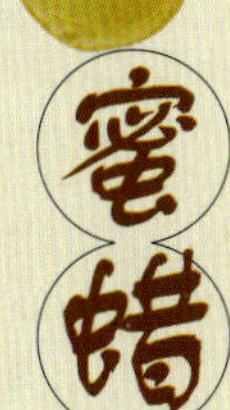

蜜蜡收藏赏玩指南

林婧琪 / 编著

新世界出版社
NEW WORLD PRESS

图书在版编目（CIP）数据

蜜蜡 / 林婧琪编著 . -- 北京 : 新世界出版社，2017.1

（收藏赏玩指南系列）

ISBN 978-7-5104-6031-9

Ⅰ . ①蜜… Ⅱ . ①林… Ⅲ . ①琥珀—收藏—中国②琥珀—鉴赏—中国 Ⅳ . ① G262.7 ② TS933.23

中国版本图书馆 CIP 数据核字 (2016) 第 265101 号

蜜　蜡

作　　者：林婧琪
责任编辑：张杰楠
责任校对：姜菡筱　宣　慧
责任印制：李一鸣　王丙杰
出版发行：新世界出版社
社　　址：北京西城区百万庄大街 24 号（100037）
发 行 部：（010）6899 5968　（010）6899 8705（传真）
总 编 室：（010）6899 5424　（010）6832 6679（传真）
http://www.nwp.cn
http://www.nwp.com.cn
版 权 部：+8610 6899 6306
版权部电子信箱：nwpcd@sina.com
印　　刷：山东海蓝印刷有限公司
经　　销：新华书店
开　　本：710×1000　1/16
字　　数：200 千字
印　　张：12
版　　次：2017 年 1 月第 1 版 2019 年 5 月第 2 次印刷
书　　号：ISBN 978-7-5104-6031-9
定　　价：68.00 元

前言
Foreword

蜜蜡由远古树木的树脂在地层中经历漫长的岁月逐渐形成，因此不同于人人皆知的钻石、翡翠、玛瑙等无机宝石。作为有机宝石的一种，蜜蜡是与众不同的。每一件蜜蜡的制品都带有岁月的沉重感，一件蜜蜡制品经历了十几年到几十年的把玩后，会散发出独特的魅力。蜜蜡的魅力并不张扬，它的美是内敛而厚重、温润而和善的，许多收藏爱好者都因此对蜜蜡心驰神往。

蜜蜡收藏的热潮已经历了很多年，许多朋友都听说过蜜蜡，面对商家的大力宣传，产生了收藏蜜蜡的想法。蜜蜡市场虽然非常火爆，但是其中也不乏一些伪造和仿冒的蜜蜡产品，这些仿冒品的存在直接威胁着收藏爱好者的权益，也让很多蜜蜡收藏爱好者因此蒙受经济上的损失。

本书的编撰目的，就是让读者朋友深入了解蜜蜡。在本书当中，我们分几个方面，全面介绍了蜜蜡的知识。在第一部分，我们对蜜蜡的基本信息进行了介绍，蜜蜡的功用、蜜蜡的种类都是阐述的重点；在第二部分，我们介绍了蜜蜡的前世今生，对蜜蜡起源的知识、多色的成因、蜜蜡的主要产地进行了介绍；第三部分介绍了蜜蜡的鉴别知识，其中对于蜜蜡的优化工艺、仿制品的鉴别、老蜜蜡的知识都进行了详细的介绍；第四部分是蜜蜡的价值和收藏知识，对于蜜蜡收藏价值的体现、判断蜜蜡价值、蜜蜡收藏行情、保养蜜蜡制品的常识等进行了详细的介绍；第五部分是蜜蜡雕刻工艺的鉴赏，对蜜蜡雕刻的历史、雕刻的题材进行了综合介绍；最后部分是蜜蜡藏品的鉴赏，包含了大量的精品蜜蜡图片。

蜜蜡的鉴赏和收藏知识并不是一朝一夕能够完全掌握的，需要长久经验的积累。相信读者朋友在看完本书后会对蜜蜡有更加深入的认识，我们也希望和朋友们做进一步的交流。

目录
Contents

蜜蜡

蜜蜡

第一章

蜜蜡的常识与分类

什么是蜜蜡

蜜蜡和琥珀的成分差不多是一样的，琥珀通常是透明的，蜜蜡则可以用“色如蜜，光如蜡”来形容。民间流传着“千年琥珀，万年蜜蜡”的说法。当然，千年和万年都是一个说法，并不是指具体的时间，这句话的意思是蜜蜡的形成时间要比琥珀更长。

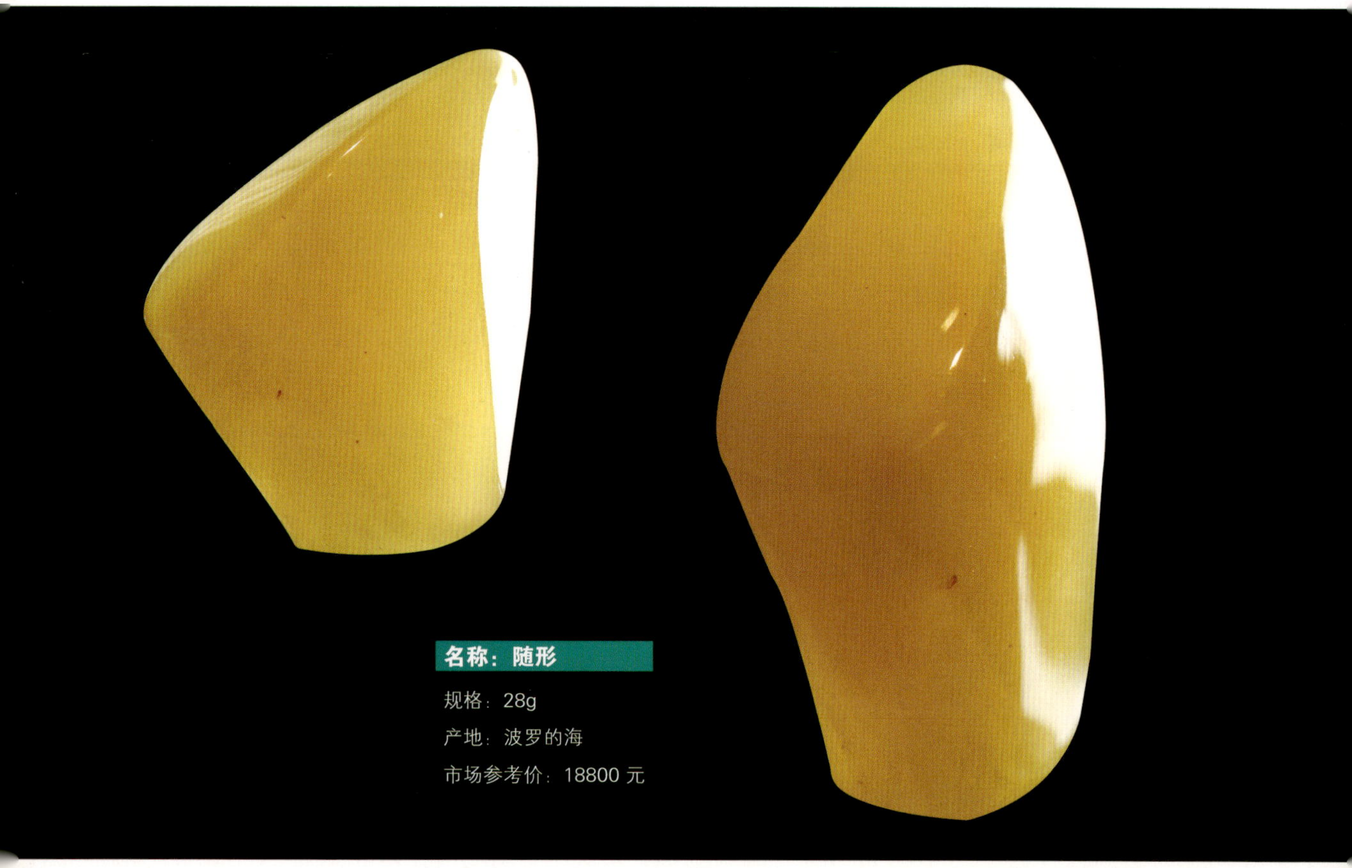

名称：随形

规格：28g

产地：波罗的海

市场参考价：18800 元

从形成年代来看，针叶树木的树脂经过 4000 万年至 6000 万年的地质埋藏，最终形成了树脂化石——琥珀。蜜蜡经历的时间更久，内部的成分出现了进一步的变化，故而带有了蜡状的光泽和质感。蜜蜡的形成时间超过 1 亿年，产量相比琥珀更少，故而价值更高。

蜜蜡和琥珀最著名的产地是波罗的海和北欧，这些地区的地质条件最适合蜜蜡的形成。波罗的海沿岸很早就有出产蜜蜡的记载，故而成为传统的蜜蜡产地。中东地区也出产珍奇蜜蜡，像伊朗、阿富汗等地区。另外缅甸、巴基斯坦等地也有蜜蜡出现。不同地区的蜜蜡在矿物组成上区别甚大，直接影响了蜜蜡的色彩和光泽，这也让蜜蜡变得更加丰富多彩。

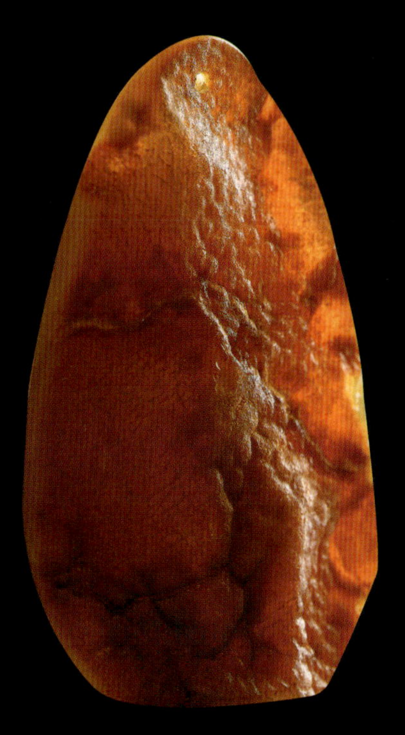

名称：随形

规格：8.17g

产地：波罗的海

市场参考价：1600 元

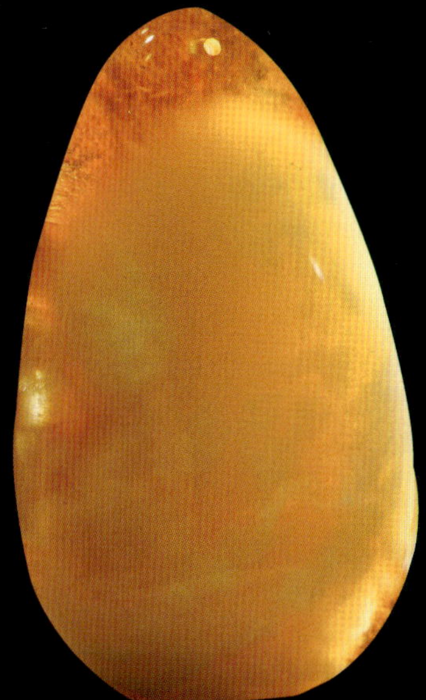

多样的功用

装饰作用

蜜蜡被认为是自然给予人类的宝物。这句话并不过分，如果想到蜜蜡形成的千万年时光，其中经历的沧桑自不必说。另外蜜蜡的多样性让不同的蜜蜡显得各具特色，有的肌理细腻，触感非常温和，让人心绪宁静；有的则是热情奔放，是怡情的上佳饰品。古代皇帝贵妃们多佩戴蜜蜡的饰品。蜜蜡还常用在房屋的内饰中。

黄蜜蜡原石

名称：如意

规格：6.8g

产地：波罗的海

市场参考价：5800 元

蜜蜡珠子

名称：关公

规格：15.8g

产地：波罗的海

市场参考价：19800 元

现代的人们曾经追逐过金、银、钻石，最后一些人将注意力转移到了蜜蜡上。蜜蜡相比金银，并无奢华感，更没有宝石之王钻石的那种华贵，但是很契合中国人内敛的个性。我国古代就用天然蜜蜡制作器物、装饰品，如挂珠、鼻烟壶、摆件等。现代的人们常能够看到用于装饰胸、耳、手、颈等人体部位的蜜蜡饰物。蜜蜡饰品不张扬，但能彰显出佩戴者的雅致与修养。

不同的蜜蜡饰品具备各种独特的、美丽的、有生气的特点，因此可以在任何场所佩戴，另外还可以跟从潮流。蜜蜡饰品不但让人觉得文雅，而且时尚。西方人将佩戴蜜蜡的人看成是有智慧的人，女士佩戴蜜蜡代表她对这种充满神秘感的宝石具有认知，男人对蜜蜡同样很着迷。到了现在，欧洲皇室、名媛、好莱坞影星仍认为佩戴蜜蜡饰品是一种时尚。

现代饰品具有多元化的特征，饰品的设计风格通常包括 3 种：简约风格、民族风格和自然风格。

蜜蜡手串

蓝蜜蜡手镯

◎ 简约风格

蜜蜡饰品设计的主要原则是“少”即“多”，多利用抽象的造型、简洁的线条规划出整体效果，风格简约、新颖，有独特的整体构思和完整的造型。

蜜蜡饰品的与众不同

每一种饰品都有与众不同的外观，因此才有了不同的魅力。蜜蜡对比翡翠、钻石等饰物，所呈现的美感是截然不同的。蜜蜡的美在于内涵，虽然不张扬，但是淳厚的感觉让人非常舒服，蜜蜡饰品的独特魅力便来源于此。

名称：吞宝貔貅

规格：55g

产地：波罗的海

市场参考价：25800 元

◎ 民族风格

这种情怀是复古的。对现代和民族的传统进行完美整合，会让饰品的感觉颇具时代感，这是现代饰品必须具备的亮点。民族风格的工艺品具有永不过时的特性。我国历史悠久，早在石器时代便有了红山文化的玉猪龙、良渚文化的玉琮，到了封建时期更是有各种美丽的玉璧、透雕以及吉祥图案的工艺品。不同时期的饰品及生活用品都彰显了这种艺术的美感，这些都为蜜蜡饰品的设计提供了灵感。

◎ 自然风格

现在人类生活环境恶化，越来越多的人向往大自然，想回归自然。正因为如此，自然界中存在的动物和景观便成了蜜蜡饰品设计师灵感的来源。自然风格的蜜蜡饰品现在已经成为市场的主流。这种饰品有两个特征，一是使用了原型创作，然后结合自然形态特征；二是利用天然材质制作。

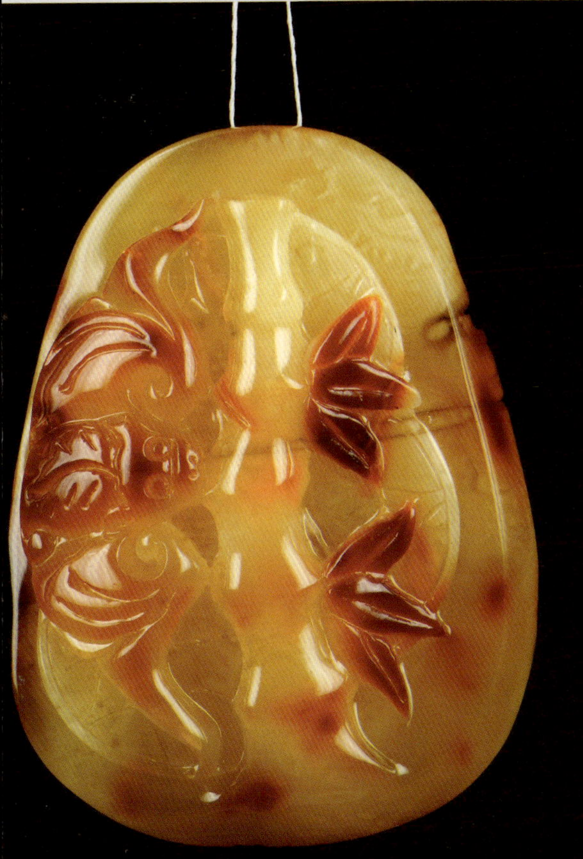

名称：极红皮蜜蜡

规格：46g

产地：波罗的海

市场参考价：22800 元

蜜蜡饰品的类型有手镯、戒指、耳坠、胸坠、手串、佛珠、项链、摆件等，对蜜蜡进行简单的琢磨和抛光，然后用中国绳结连接，便可以做成单独的饰品，另外还能够和其他宝石、金、银组合做成各种类型的饰品。蜜蜡相对其他宝石，在价格上低一些，现在一些蜜蜡饰品都是利用银镶嵌的，做工比较粗放。

蜜蜡吊坠

蜜蜡项链

◎ 蜜蜡项链

单套的蜜蜡项链按照长度的不同可分为长项链、短项链，按照珠子形状的不同可分为圆珠项链、随形项链，按照珠子颜色的不同可分为单色珠项链以及多色珠间隔穿成的项链。珠子大小不一定，可能相同，也有大小分段串珠连接在一起的情况，使用金银珠子作为蜜蜡手串的隔珠也很常见。因此可以说是式样繁多，很贴合流行的趋势，适合各种年龄段的人佩戴。

目前长项链比较流行，因为可以和时装搭配，起到画龙点睛的作用。另外还有银和宝石镶嵌蜜蜡做成的项链，其风格更是另外一种感觉。

双套蜜蜡项链通常是由短的和长的两条蜜蜡项链使用特殊的链扣进行固定做成的。双套项链的价格比较高，能够凸显出佩戴者的美丽和高贵。

蜜蜡项链

如果是多串蜜蜡编织成蜜蜡项链，珠粒的直径就不宜太大，珠粒形状有长条形、球形、圆片形等，项链有的时候还会扭转成麻花状或编制成平行带状等。综合来说，蜜蜡项链是使用随意形状的蜜蜡珠子制作完成的。项链编织花结也常见，佩戴时可调整长短。

讲究的蜜蜡项链通常都使用蜜蜡坠，这样整体效果更好。挂坠的形状不规则，可以任意搭配，彰显个性。

一般大珠粒蜜蜡更加珍贵，瑕疵越少越好，以无裂纹、无杂质为佳。

◎ 蜜蜡戒指

现在的蜜蜡戒指包括两种，一种是整块蜜蜡制成的指圈，另一种则是使用925 银镶嵌蜜蜡制成的。镶嵌戒指有不同的款式，非常漂亮夺目。蜜蜡戒指按照镶嵌类型区分，则包括单颗珠镶、包边镶、爪镶。总的来说，蜜蜡戒指的风格包括以下几类：

简洁型

蜜蜡戒指的戒面能够制作成许多形状，比方说椭圆形、方形、马眼形、三角形、不规则形、球形等。戒面利用黄金、白银等金属进行包边镶嵌也很常见。简洁的款式实用且大方，能够体现出现代人摆脱传统束缚的时尚理念。

自然型

蜜蜡配合彩色宝石进行镶嵌，使用花、草、树叶等自然造型。宝石具有丰富的色彩，故而可以和蜜蜡形成对比，组合成具有多种色彩的更加美丽动人的戒指。

蜜蜡戒指

蜜蜡戒指

民族型

即按照材质制作成不同的造型，常见的民族造型包括小葫芦、佛头、貔貅、十二生肖等，通常这些造型的戒面要配合金银材质镶嵌。这种戒指带有鲜明的民族特色，戒指的戒托使用金银制作，也有的使用绳进行编线，戒托的选择很随意，可以制作出时尚的风格。这种戒指比较便宜，因此，也比较适合追求时尚的青年人佩戴。

蜜蜡戒指

蜜蜡戒指

戒指是人们生活中的重要饰品。相比其他饰品，戒指更加常见。这有几个原因，一是戒指随着手指的移动而展现在人的视线中。二是戒指相比其他饰品更能体现自身个性。通常来说，有修长手指的人适合选用方形和橄榄形的戒指，这样能让手看起来更秀美。如果手指短粗，最好选用重量适中，而且大小中等的椭圆形或马眼形戒指。购买的时候要留意戒指圈口，最好选择橄榄形蜜蜡戒指，这种形状不易脱落。但也不能太小，圈口太小的话可能使手指的血液循环不流畅，进而影响到人的健康。

购买时，在外观、形状、加工和工艺质量等方面需要多次考量。观察戒面和戒托是否有松动，周围配石镶嵌的质量，贵金属托是否光滑，有无铸造砂眼，金属爪能否紧扣蜜蜡等。

蜜蜡耳饰

蜜蜡耳饰

◎ 蜜蜡耳饰

蜜蜡耳饰的类型包括耳钉、耳环、耳坠。耳饰的大小和形状，以及款式的变化，都能够引起视觉上的改变。不但能够美化容貌，还可以增添妩媚的气质。从古代开始，女性大多喜欢利用耳饰进行装饰。蜜蜡的耳饰形状包括插针形、螺丝形、弹簧形和搭拍形。造型方面则有圆环型、圆型、方型、长条型，以及并不规整的几何型、花朵型等。另外，耳坠的造型也是多样化的，可长可短。

购买耳饰需要注意：对于插针形耳饰，必须有耳眼。螺丝形、弹簧形、搭拍形则不需要耳眼，多样的耳饰满足了不同女士的需求。另外还可以按照自己的发型、脸型进行挑选。适合自己的耳环，会给脸部增添生机和活力。脸瘦的人戴耳饰是最适合的，一般脸部消瘦的女性适合佩戴大的圆形耳饰。椭圆形、长方形耳钉则更适合椭圆形的脸。另外，长耳坠能够显得脸部更长更美。

◎ 蜜蜡头饰

汉族的现代头饰最常见的是发夹，我国的少数民族女子的头饰可以说是多姿多彩。不同的年龄和地域，在头饰上也有相应的变化。比方说藏族不同地区的头饰都不一样。蒙古族的妇女经常在自己的头上使用蜜蜡、珊瑚饰品进行装饰。通常说来，少数民族妇女的饰品上面都镶嵌了珠宝，其中蜜蜡是少不了的饰物。

古代的头饰种类包括簪、步摇、钮子、挑牌、斋戒牌、如意等，镶嵌物多为珊瑚、蜜蜡。

名称：福瓜

规格：7.4g

产地：波罗的海

市场参考价：2600 元

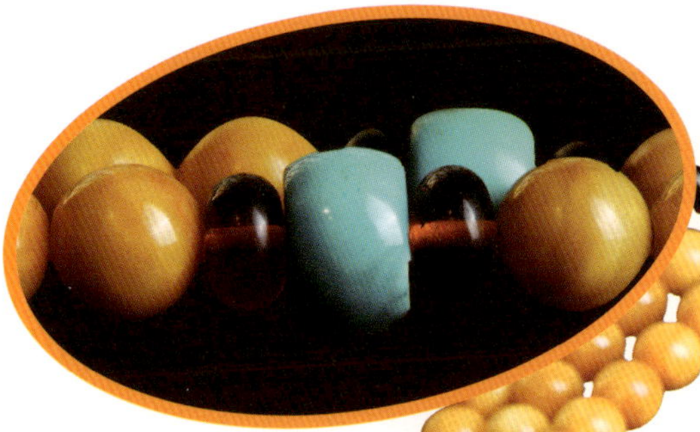

名称：老蜜蜡 108 珠

规格：45g

产地：波罗的海

市场参考价：16000 元

◎ 蜜蜡手串、手镯

蜜蜡手串常见的造型包括圆形、椭圆形、不规则形，还有将单排手串、多排串珠整合到一起的情况，另外还可以利用蜜蜡片编织成排状，也可以使用蜜蜡雕成不同的造型，之后用中国结进行连接。

蜜蜡手镯

蜜蜡手镯包括圆形的手镯、椭圆形贵妃手镯，有宽条的，也有窄条的。通常说来，宽条手镯不是太重，而且美观，因此现在比较流行。

购买手串的时候要注意珠子大小和多少是不是合适，另外还需要观察珠子的孔是否在中间，珠串的绳子和绳结质量如何。购买手镯要看圈口，不能太紧或太松。使用整块蜜蜡料制作的手镯比那些拼接组合做成的手镯要昂贵一些。瘦长胳膊的女性通常可以戴两个或两个以上的手串，双手单手都可以。佩戴手镯的时候则最好穿长袖衣服。

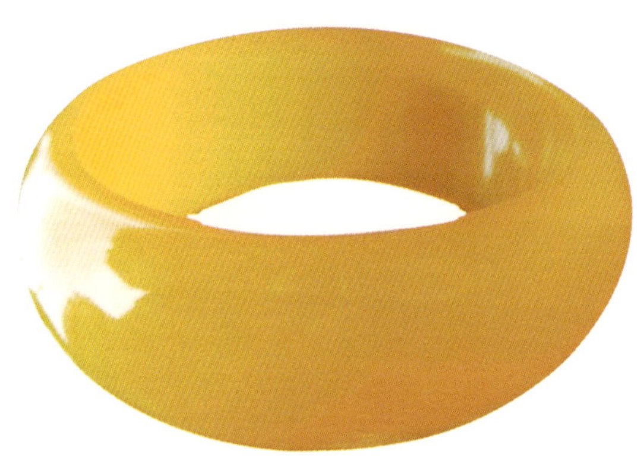
蜜蜡手镯

蜜蜡套饰的搭配

蜜蜡的主要颜色是黄色、棕色、橘红色，质地不透明，但是外观有一种油润的感觉。通常说来，饰品和服饰的色彩和质地应搭配谐调。

蜜蜡雕件

蜜蜡雕件

◎ 蜜蜡摆件

蜜蜡摆件具有欣赏功能，通常摆放在桌子上或玻璃的陈列橱里。如果蜜蜡工艺品构思巧妙、工艺精湛，而且使用上乘的用料，则能够放到居室或厅堂会所之中。使用质量出众的原料，艺术价值会相对高一些。

购买蜜蜡摆件通常要考虑其大小、形状、颜色，另外还要注意其题材和造型。蜜蜡摆件的题材有人物、寿星、佛、观音、球、动物、小孩等。蜜蜡摆件的制作凝聚了艺术家的心血，市场上所售摆件都有精致的雕工，人物、动物形象也都非常生动。

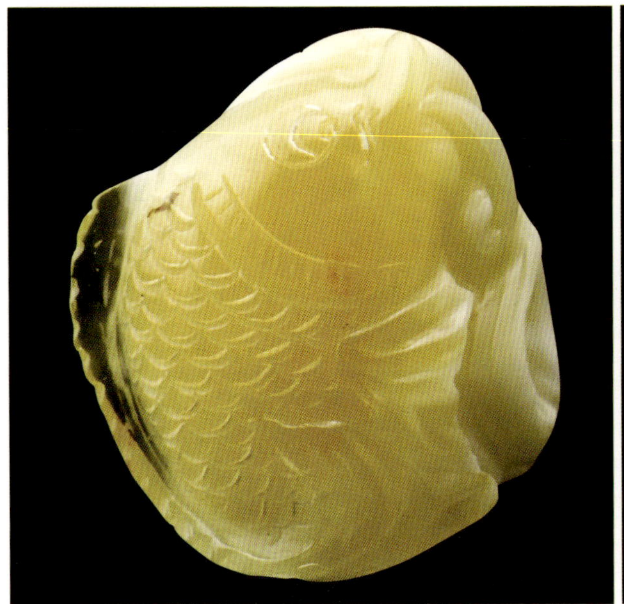

蜜蜡雕件

蜜蜡摆件价格很高，通常可以依据个人的喜好和雕工的情况进行选择。如果是名家作品，升值潜力会很大。

◎ 蜜蜡服装配饰

我国很多少数民族，如蒙古族、藏族、彝族、回族多使用蜜蜡、珊瑚、绿松石等制作服装配饰。胸饰和腰带是服装配饰的重要组成部分。

蜜蜡胸针

蜜蜡制作的胸坠、胸花、胸针等胸饰常常使用动植物造型，并配搭其他宝石镶嵌而成。蜜蜡的胸坠常使用如意图案，主题为祝寿、喜庆、求福、求官、个人修养，另外还有佛教的观音等图案。在图案的选择上常用谐音的艺术手法，或者是用比拟、象征等方法进行寓意的表达。胸针具有画龙点睛的作用，如果女士穿的服装相对比较素雅，胸针便可以增色。蜜蜡腰带宽窄均可，通常利用金属镶嵌蜜蜡或是用中国结进行连接。

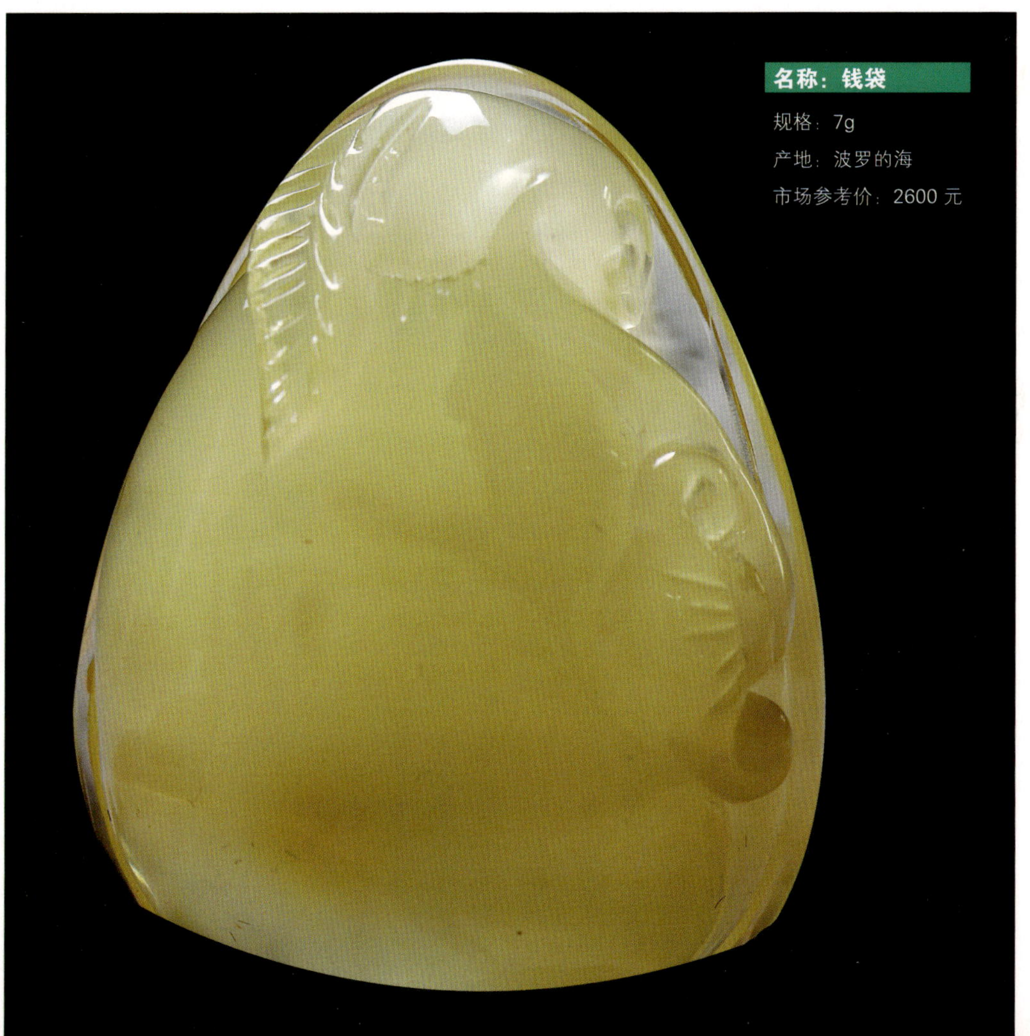

名称：钱袋

规格：7g

产地：波罗的海

市场参考价：2600 元

◎ 蜜蜡念珠

蜜蜡念珠是佛教僧人所佩戴的蜜蜡珠串，总数为 108 粒，中间是佛头。珠子形状有圆的、椭圆的，直径从几毫米到几厘米都有。

老蜜蜡珠子

黄色蜜蜡手排

黄色蜜蜡原石

神奇的医学功效

蜜蜡本质上是化石，因为埋藏在地下，其中含有了不同的元素。很多微量元素都对人体有益，有的可以畅通气血，加快身体的新陈代谢，甚至可以抗病抗衰老。据说，用蜜蜡摩擦患病的区域，能够缓解腰酸、背痛、风湿、肩周炎、高血压、皮肤过敏、失眠、肥胖等疾病，另外对于肿瘤、骨质疏松等的发病还有抑制作用。

蜜蜡是一种中药，有镇静安神、化痰止咳、解毒利尿、活血化瘀的功效。

想要充分利用蜜蜡的治疗功效，就要长期佩戴、把玩蜜蜡饰品，当其药性渐渐被吸收之后，或许会使疾病得到缓解。据说，每种蜜蜡富含的元素不一样，对于疾病的疗效也不一样。

不过，关于蜜蜡的医学功效大都来自民间传言，尚缺乏科学依据，此处说法只作为参考。

奇妙的灵性

因为蜜蜡神奇的形成过程，人们将其看成是蕴藏大地安定力量的容器，认为它能够调和阴阳、益寿延年、祛病消灾，是大自然的神奇珍宝。

蜜蜡不但能够制作成饰物，供人们佩戴、欣赏、装饰，还利于灵性修行。佛门七宝的传说包含了佛家的智慧，蜜蜡属于“佛门七宝”之一。据佛教经典介绍，蜜蜡能够帮助人们进入奇妙境界。长期佩戴蜜蜡，便能够获得蜜蜡的灵性，最终升华生命。佛家经常将蜜蜡作为供奉之物，据说蜜蜡在佛像前会发生改变，有的变得像玉一样无瑕，周身散发着宝石光辉，有的则闪亮如星，相当漂亮。另外还有传说称，将西藏的蜜蜡念珠长期作为供奉物放到佛像前，便能获得神奇的力量。据说，蜜蜡佩戴到不同的部位，功效也是不一样的。

名称：手串

规格：2cm（单珠直径）

产地：波罗的海

市场参考价：9800 元

名称：连年有余

规格：23.6g

产地：波罗的海

市场参考价：19800 元

眉心

据说，把蜜蜡放到眉心，可以消除杂念，让人头脑更加清醒，对于平时的静坐修行帮助甚大。

喉头

据说，把蜜蜡放到喉头，能够增强沟通的能力，让人言语明晰、个性开朗，更好地达成人生目标。

胸口

据说，把蜜蜡放到胸口，不但能够放松心情，让情感约束在理性下，让自己获得心灵的伴侣，还能缓解病痛，强身健体。

名称：福禄如意（带皮玉白蜜蜡）

规格：24g

产地：波罗的海

市场参考价：10800 元

纷繁的种类

黄、红、蓝、青、白、赤、黑、紫、绿、橙，这些自然界中常见的色彩，蜜蜡中都能见到，最常见的色彩是黄色。树脂本身就是淡黄色，长期埋藏在深层土壤中，色泽更油润。

不同的颜色共存于同一块蜜蜡中，蜜蜡的外观会因此变得缤纷多彩。即便是单色蜜蜡，在色彩层次方面也一样有深浅浓淡的区别。使用不同的光源照射，蜜蜡上面的色彩也都不同。比如，使用钨丝灯光进行照射，部分蓝晶和绿晶会变为紫红色。另外，使用不同颜色的光线照射，呈现出来的颜色也不同。部分蜜蜡反射出来的光影若隐若现，并不能发现实际的色体。

名称：随形

规格：4.2g

产地：波罗的海

市场参考价：1500 元

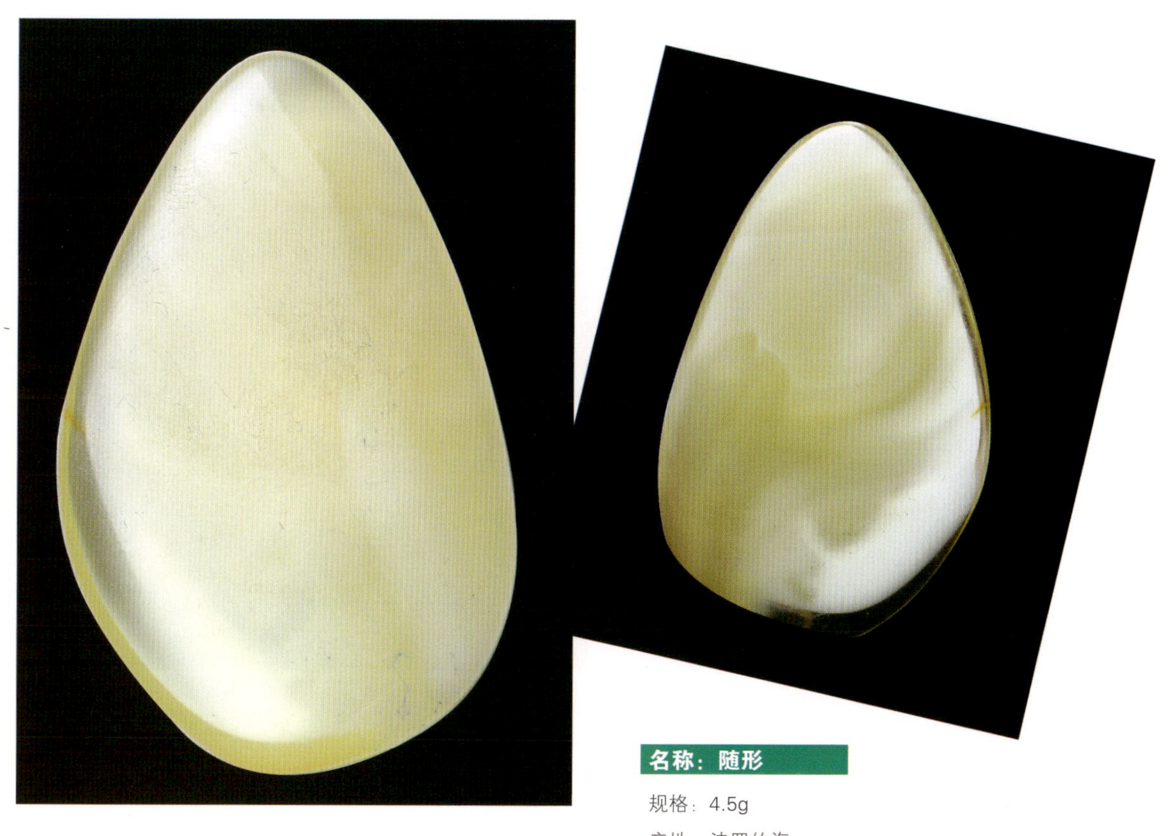

名称：随形

规格：4.5g

产地：波罗的海

市场参考价：1600 元

蜜蜡属于有机珍宝，和无机珍宝有差别，化学成分和原子结构的差异甚大，但在珠宝学特性上有相似的地方。从光泽上看，蜜蜡通常带有蜡脂（松脂）的光泽，同时具备了很明亮的玻璃光泽（玻璃面蜜蜡）、金属光泽（金面蜜蜡），甚至还能够发现水银一样的光泽（纯净黑蜜蜡）。珠宝的光泽和光线反射有直接关系，同样也和表面的抛光度有关。蜜蜡表面的情况比较复杂，经过高度抛光便可以看到水银面光泽，否则黯然无光。

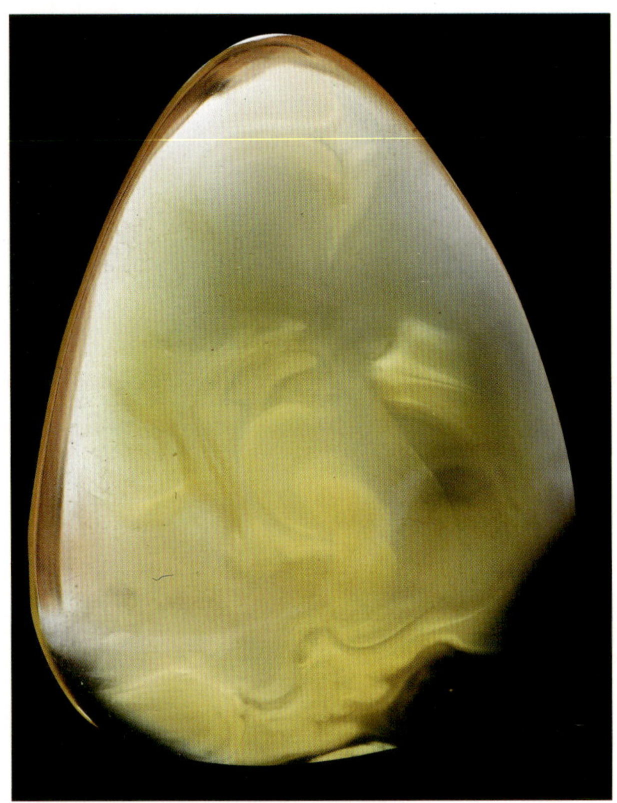

名称：随形

规格：4.9g

产地：波罗的海

市场参考价：1900 元

黑色蜜蜡

第二章

蜜蜡的前世今生

蜜蜡的起源

距今约 4000 万年到 1 亿年的始新世和白垩纪时期，针叶植物在地球上茂盛地繁衍着，针叶树木常见脂液，在某一地质时期受到外界的强烈刺激，树木分泌很多液体并且落到地上，随着地质层变动最终埋藏到了地底。经历了地层的压力和热力作用之后，分泌的液体变成了蜜蜡矿。

名称：随形

规格：7.66g

产地：波罗的海

市场参考价：1500 元

名称：随形

规格：6.37g

产地：波罗的海

市场参考价：1200 元

经过地质学的研究，最终确定蜜蜡最早形成于距今 1 亿年左右的白垩纪，出现的最晚时间是距今 2000 万年左右的中新世，中新世形成的蜜蜡硬度不够（多米尼加蜜蜡便是中新世出现的蜜蜡）。后来因为针叶林剧减，而且石化时间缩短，加上地层运动渐渐稳定，蜜蜡的产生便日渐减少。

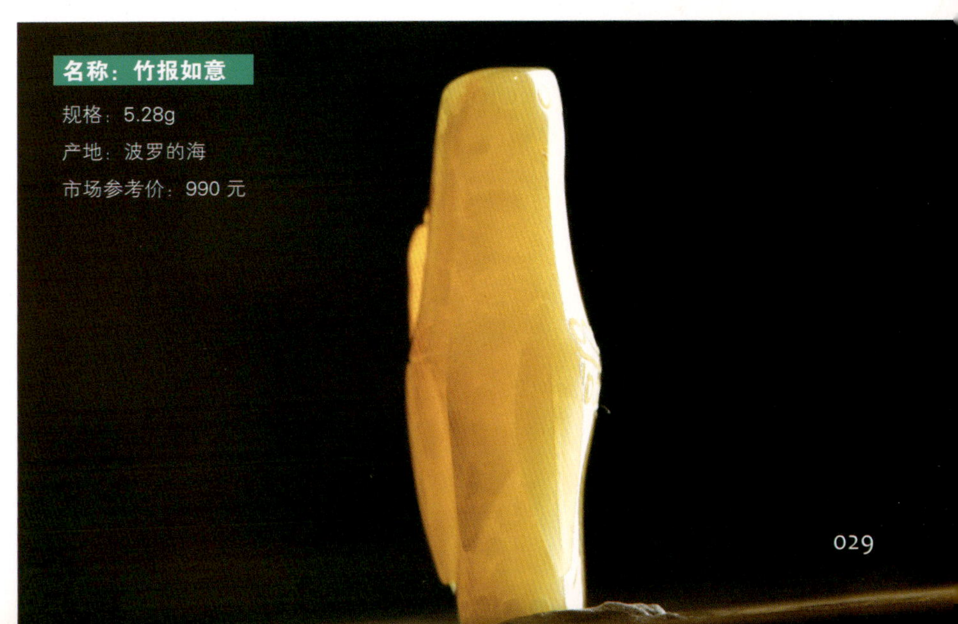

名称：竹报如意

规格：5.28g

产地：波罗的海

市场参考价：990 元

多色的奥秘

蜜蜡色彩多样，其不同色彩的形成多是因为地质条件的不同，如矿物、水质、土壤等。正是世界各地地质条件的多样性，最终促成多种色泽蜜蜡的出现。因此，要想搞清楚蜜蜡的成分和颜色并不简单。不过，经过多年研究，人们还是使用现代科学解析了蜜蜡的颜色成因。

黄色蜜蜡

通常来说，此种蜜蜡主要出现在酸性较重的土层中，受酸性条件的影响，出现了黄色的色彩。

蓝色蜜蜡

地质学上有“蓝土层”的说法，蓝土层的沙土比较疏松，常可以发现云母和石灰质。蜜蜡如果发现于这种土壤中，会逐渐受沙土中的石灰质和氧化钛的影响而变成蓝色。

绿色蜜蜡

很多的化学元素如硫、硫化物、硫酸铜等，都是绿色的。如果这类化学元素进入蜜蜡中，蜜蜡随之也会呈现为绿色，乃至蓝紫色，因此如果蜜蜡的形成环境中有这些物质则呈现为绿色。

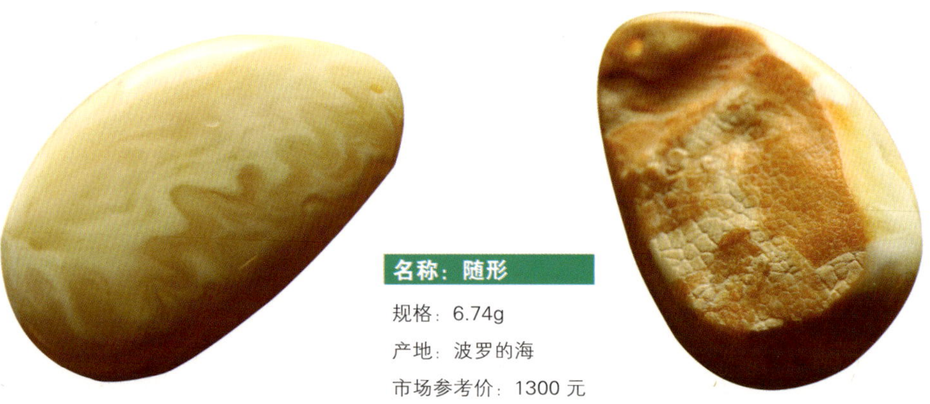

名称：随形

规格：6.74g

产地：波罗的海

市场参考价：1300 元

名称：福禄

规格：15.8g

产地：波罗的海

市场参考价：11000 元

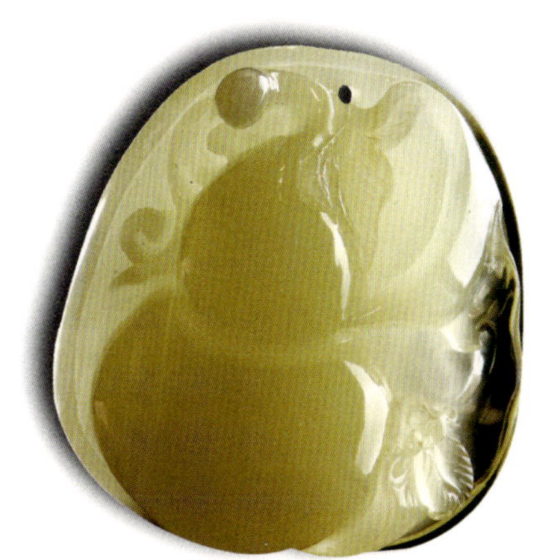

红棕色蜜蜡

铁矿、朱砂或锰元素进入蜜蜡中，蜜蜡便会呈现为红色、棕色或更深的褐色和咖啡色。

土色蜜蜡

蜜蜡长期埋藏于雪地中，受地热影响较少，常可以变为土色、米白色。

黑色蜜蜡

如果地层中常见很多腐殖土，或含煤炭较多，蜜蜡的颜色会随之加深，长期埋藏，蜜蜡会呈现出咖啡色、黑色、灰色或墨绿色。

综合来说，蜜蜡的颜色和挖掘出土时的地质条件关系密切，前面叙述的是某种地层对蜜蜡的影响，如果蜜蜡带有两种或两种以上的颜色，而且受到了地质活动作用，会出现多种颜色。

出产蜜蜡的地区

世界上出产蜜蜡的集中区域包括：俄罗斯、德国、波兰、英国、法国、罗马尼亚，以及意大利的西西里岛，美国的新泽西州、怀俄明州、阿拉斯加州。另外，日本、印度也大量出产蜜蜡。

亚洲

抚顺蜜蜡原石

我国辽宁抚顺的蜜蜡主要发现于第三纪的煤层中，部分发现于煤层顶板的灰褐色的煤矸石中，外观为金黄色，硬度较高，密度很大。抚顺蜜蜡的地质形成时期与波罗的海蜜蜡相比，比较统一且更早，有很高的研究价值。

近年来，抚顺的矿脉基本枯竭，蜜蜡及煤精的产量已经很少，有的人已把蜜蜡、煤精做成了收藏品。抚顺有许多蜜蜡和煤精的工艺品店。

抚顺蜜蜡

抚顺的蜜蜡主要是煤矿的伴生物，和波罗的海蜜蜡的多种来源不同。抚顺的蜜蜡绝大多数都发现于煤矿之中，尤其是西露天矿。现在西露天矿基本枯竭，因此抚顺蜜蜡价值一路走高。

名称：手串

规格：2.1cm（单珠直径）

产地：波罗的海

市场参考价：22000 元

欧洲

波罗的海是半内陆海，沿岸的国家有挪威、丹麦、瑞典、芬兰、俄罗斯、波兰、德国、爱沙尼亚、拉脱维亚、立陶宛等。波罗的海出产的蜜蜡世界公认品质最佳，琥珀酸含量较高，世界上近 90％的蜜蜡都来源于此。其中，出产蜜蜡质量最好的国家是波兰。

波罗的海出产的蜜蜡质地细腻，晶莹剔透，色彩多样，经过加热可以成为顶级蜜蜡，这是其他产地的蜜蜡无法达到的效果。

丹麦是世界上首先发现蜜蜡的国家。波罗的海海滨蜜蜡矿中常常可以发现精品蜜蜡，大概 20% 的蜜蜡能够用来制作装饰品。

波兰一直享有“蜜蜡之都”的美称。波兰在中欧东北部，北濒波罗的海，有几百公里的海岸线，是波罗的海地区蜜蜡储量最大的国家。波兰境内加工蜜蜡的工厂通常在北方，主要集中于格但斯克市。格但斯克位于波罗的海南侧岸边的海湾内，属于港口城市，也是波兰的历史文化名城，格但斯克是世界上出产蜜蜡工艺品的主要地区。这里制作的蜜蜡制品工艺高超而又精美，引领了世界潮流。

俄罗斯有世界最大的蜜蜡矿储量，总储量占世界总量的 90%，年产量为 600~700 吨，一半的蜜蜡可以制作宝石，另一半则用于工业原料和医药。

波罗的海蜜蜡产量最大的地区在俄罗斯的加里宁格勒，这里发现的蜜蜡矿层最厚的地方可达 3 米，每立方米矿层中能够挖掘出蜜蜡 2500 克。加里宁格勒的蜜蜡总储量估计为 64 万吨，不过一大部分已经被开采。

俄罗斯蜜蜡

乌克兰蜜蜡耳钉

意大利蜜蜡手串

乌克兰蜜蜡随形手串

乌克兰蜜蜡主要产于乌克兰西北部，每立方米蜜蜡的平均密度为 50 克，最高可达 400 克。

乌克兰蜜蜡中含有高浓度琥珀酸，通常带有几毫米厚的很脆的深褐色外壳。

意大利的西西里岛有少量的蜜蜡出产。西西里蜜蜡的色彩主要是橘色或红色，少数为绿色、蓝色、黑色、紫色。

西西里岛蜜蜡形成于距今约 6000 万年至 9000 万年前。西西里岛蜜蜡通常体积不大，其中带有荧光的相当贵重。不过，随着时间的推移，带有荧光的蜜蜡色彩会逐渐弱化。

罗马尼亚是蜜蜡的大产区，也是世界上出产多色蜜蜡最多的地区。罗马尼亚蜜蜡通常为深色。这是因为该国蜜蜡矿中带有很多的含硫沉积物，同一岩层的煤炭和黄铁矿都会直接改变或加深蜜蜡的色彩。

美洲

多米尼加是美洲主要的蜜蜡产地。多米尼加蜜蜡的品质相对普通，颜色深浅不一，不如多米尼加蓝珀那样深受人们喜爱。

多米尼加蜜蜡主要出产于约 3000 万年前的地层中。因为地层较新，因此多米尼加蜜蜡的硬度一般。

另外，墨西哥、阿根廷、巴西、智利、厄瓜多尔、委内瑞拉等国也都出产蜜蜡。

名称：观音

规格：15.1g

产地：波罗的海

市场参考价：8600 元

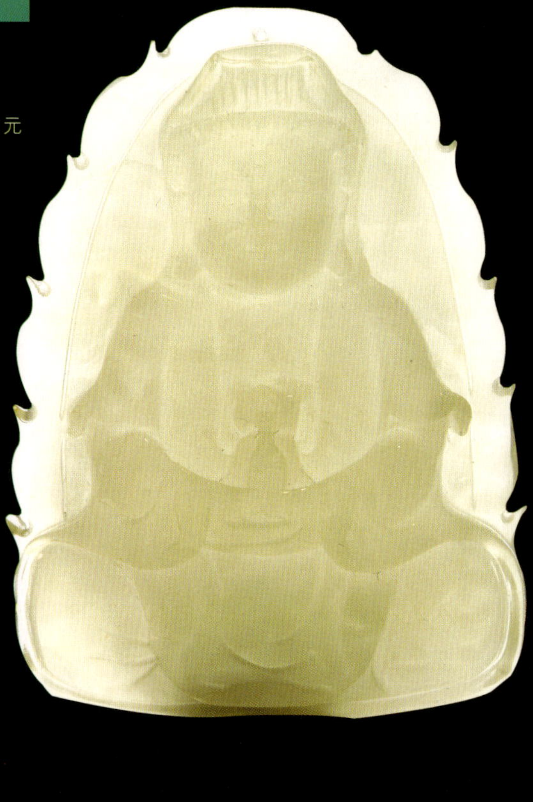

第三章

蜜蜡的优化和鉴别

神奇的优化工艺

甄选成色出众的蜜蜡，放入恒温恒湿的环境中，连续加热 1 到 2 个月的时间，确保将蜜蜡内部一些肉眼看不到的杂质和灰尘从非常细小的孔隙中释放出来，使蜜蜡整体变得更加温润明亮，颜色达到最佳的视觉效果，产生出太阳光芒，这种处理方法便是热处理。

蜜蜡上面的“睡莲叶”其实就是加热过程中出现的叶状裂纹。花纹不但不影响蜜蜡的质量，反而能够让蜜蜡变得更美，用光线照射，闪闪发光。热处理是对蜜蜡的优化，并没有改变蜜蜡本身的化学成分，仍视为天然宝石。

名称：人生如意

规格：16.8g

产地：波罗的海

市场参考价：6600 元

蜜蜡佛珠

烤色工艺

即仿制出自然氧化的效果，比方说老红蜜蜡的仿制，就是将蜜蜡表面的颜色做得红一些。这种技术仍是优化。

名称：随形

规格：4.1g

产地：波罗的海

市场参考价：1400 元

贵族蜜蜡

现在市场上有许多卖家出售一种名为“贵族蜜蜡”的饰物，并且对这种饰物大加宣传，称这种蜜蜡的产地是中东、西亚、非洲等地区。实际上这种“蜜蜡”并不是纯天然的蜜蜡，许多都是由塑料和树脂合成，消费者在购买蜜蜡的时候一定要小心。

压清工艺

压清的处理方式多见于琥珀类制品中，用压清处理的蜜蜡多是珍珠蜜。所谓压清，就是把蜜蜡放入惰性环境下，调整炉的温度、压力，最终消除蜜蜡边缘部分的杂质，进而提高边缘部分的透明度。

自然界中有罕见的天然形成的珍珠蜜，不过现在市场上多见的是优化的品种。蜜蜡的净化顺序是从外向内，接近表层部分有更好的透明度，通常未经彻底净化的蜜蜡中还能够看到不透明的“云雾”，这种蜜蜡最终成了珍珠蜜产品。

蜜蜡雕件

名称：随形

规格：3.8g

产地：波罗的海

市场参考价：1300 元

名称：连年有余

规格：38g

产地：波罗的海

市场参考价：26800 元

鉴别蜜蜡仿制品

人们想起仿制品时往往会感到深恶痛绝。仿制品本身并无危害，仿制品在很多场合下可以满足人们美化生活的愿望。使用比较低的价格获得和天然饰品类似的饰物可以接受，令人愤怒的是商家的假冒和以次充好。世界各国的仿制蜜蜡很早以前便已出现。

名称：随形

规格：4.4g

产地：波罗的海

市场参考价：1500 元

名称：随形

规格：4g

产地：波罗的海

市场参考价：1400 元

许多国家都有蜜蜡的仿制品，比如说俄罗斯的塑料仿制品、硬化天然树脂仿制品；新西兰制造的一种仿制品主要成分是树脂和树脂化石；使用柯巴树脂和酸性水或中性物质混合，最后在高压炉中加热做成仿制品。

制造再造蜜蜡的时候，制造者想让原料颜色更深，色泽更加统一，便在压制的过程中使用着色剂和不同种类的填充剂进行加工。另外，还有使用聚乙烯树脂和精细研磨之后的蜜蜡粉末制作的蜜蜡仿制品。

鉴别的技术

蜜蜡十分珍稀，收藏价值很高。波罗的海是蜜蜡的主要出产地，矿区的蜜蜡原料价格能够达到50~60美元/kg，波兰的蜜蜡原料市场价每公斤的价格超过200美元。现在，市场上流通的蜜蜡鱼龙混杂，价格相差巨大。不过，不能因为出现了大量廉价的赝品就放弃对蜜蜡的投资，这种做法如同因噎废食，可是，怎样辨别蜜蜡呢？这一直都是投资、收藏蜜蜡的关键问题。如果想辨别蜜蜡，先要明白哪些蜜蜡是值得收藏的。

蜜蜡的鉴定不同于其他宝石，蜜蜡本身的熔点低，酒精灯产生的热量便可以熔化蜜蜡，这都直接影响了鉴定的结果。经过大量的实践和观察，综合多种方法便可以鉴定蜜蜡。接下来具体介绍其测试方法。

名称：随形

规格：4g

产地：波罗的海

市场参考价：1400元

名称：随形

规格：3.3g

产地：波罗的海

市场参考价：1200 元

观察试验

蜜蜡质地温润，其仿制品则通常颜色呆板，整体感觉很假。再造蜜蜡当中的气泡多为长条形，天然蜜蜡内部的气泡则多是圆形的。

蜜蜡其实是碳氢的化合物，中间有琥珀酸的成分，正是因为构造的原因，真正的蜜蜡表面的光泽是轻柔而温暖的，而其他合成品经常有那种冰冷的感觉。蜜蜡的自然形状通常为块状、饼状、瘤状、肾状，另外还有不规则的形状，不同形状出现的原因是蜜蜡曾经混入气泡、灰尘，产生裂纹等。如果欣赏一条蜜蜡项链时观察到每个珠子都很相似，那么就可以大概判定它是仿制品了。

名称：随形

规格：3.3g

产地：波罗的海

市场参考价：1200 元

蜜蜡的形成过程非常漫长，不同元素侵入之后，通常颜色都不会是单一的。蜜蜡也会有多种色彩，而人工再生蜜蜡颜色都是单调、暗淡的，通过这种办法能够辨别真假蜜蜡。另外需要注意：天然蜜蜡的表面如果受到氧化作用，也会变暗。

蜜蜡形成后经常可以看到一道类似鳞片的花纹，观察角度不同，花纹也是不一样的。这种感觉若隐若现、时有时无，如果假蜜蜡伪造了鳞片花纹，因为人工合成物透明度不高，鳞片的光泽整体暗淡，缺少灵气。如果从不同角度进行观察，花纹基本不会变。

蜜蜡检测的问题

现在市场上检测蜜蜡的主要方式是盐水法和针刺法，可是仅仅凭借一种办法并不能确定是否是蜜蜡。通常用针刺法可以检测出塑料伪造的蜜蜡，可是如果是再造蜜蜡，用盐水法和针刺法都无法确定是否是天然蜜蜡，因此就需要更多的技术手段。

测相对密度

蜜蜡本身的相对密度是 $1.08g/m^3$，故而比较轻，能够悬浮到饱和的盐水上（通常说来 1:4 的盐水便可以饱和），其他如塑料等仿制品因为密度超过饱和的盐水，则会下沉。

加热或热针测试

使用打火机直接加热蜜蜡的表面，会闻到松香味，颜色也会变。另外还可以用细针烧红扎入蜜蜡的内部，之后趁热拉出，如果出现黑色的烟，并嗅到松香气味那便是真蜜蜡。若是冒白烟并产生塑胶的辛辣味，那肯定是仿制品。另外在拉出针时，塑料常常会出现局部的熔化，从而粘住针头，会“牵丝”出来，蜜蜡则不会。

名称：随形

规格：3.3g

产地：波罗的海

市场参考价：1200 元

蜜蜡吊坠

乙醚试验、红外光谱

在蜜蜡表面不太显眼的位置滴上一滴乙醚，停留几分钟，或者直接揉搓看蜜蜡的反应，一般柯巴树脂会腐蚀变黏。乙醚挥发后，蜜蜡没有任何改变，柯巴树脂受到乙醚腐蚀会在表面留下一个斑点。因为乙醚经常会很快挥发，所以有时得用一大滴乙醚，不够的话还得补一些。

柯巴树脂碰到酒精会出现明显的反应，表面滴酒精就会有发黏或不透明的反应。此外，柯巴树脂的红外光谱与蜜蜡的差异相当明显。测试蜜蜡的红外光谱使用的方法是溴化钾粉末法，这是一种微损鉴定。

名称：福在眼前

规格：7.3g

产地：波罗的海

市场参考价：2500 元

名称：随形

规格：1.7g

产地：波罗的海

市场参考价：600 元

声音测试

如果蜜蜡珠子没有做镶嵌，握到手里轻轻揉动，声音是柔和而略带沉闷的，仿制的塑料或树脂常可以听到比较清脆的声音。

测折射率

蜜蜡并不是晶质物质，因此是各向同性的，折射率一般为 1.54。普通的塑料折射率在 1.50~1.66 之间变化，极少有塑料仿制品能接近蜜蜡的折射率。

硬度试验

如果利用针轻轻斜刺蜜蜡的背面（注意不能在明显部位）会感到有轻微的爆裂感，还会出现很小的粉末和碎渣。如果是硬度不同的塑料或是其他材质，则要么扎不动，要么感觉很黏，甚至可以扎进去。

天然蜜蜡的辨别

蜜蜡的处理方式多种多样，有的蜜蜡使用了优化工艺，品质得到了进一步提升，但是仍旧算是天然的蜜蜡；有的劣质蜜蜡使用了不同的处理方法，如此制造出来的蜜蜡便不是天然蜜蜡了。下面我们就对处理天然蜜蜡的方法进行一些介绍。

烤色蜜蜡

烤色工艺属于处理工艺的一种。现在市场上有很多“老蜜蜡”，实际上就是用烤色工艺加工出来的，烤色加工出来的蜜蜡多是黄棕色，看起来很油润。这种烤色蜜蜡使用的原料是优质的天然蜜蜡，烤色加工只是优化工艺，销售的时候也不用加任何说明。

名称：随形

规格：1.3g

产地：波罗的海

市场参考价：500 元

不过，也有烤色蜜蜡是深红色、咖啡色的，之所以加工成这样的颜色，多是因为蜜蜡原料中有很多瑕疵，使用烤色工艺能够掩盖瑕疵，销售的时候便能卖出更高的价格。这种蜜蜡的烤色工艺便不算是优化，而属于处理了，劣质蜜蜡如此处理之后，就不算是天然蜜蜡了，这种蜜蜡的实际价值比天然蜜蜡要低。

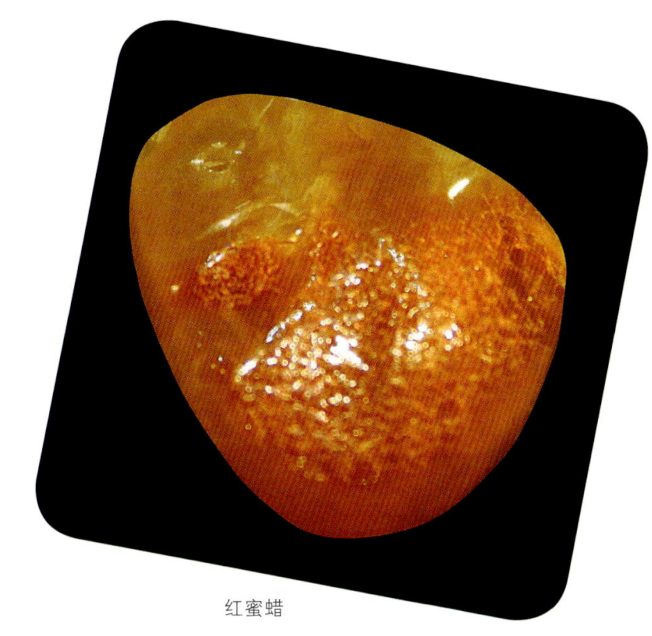

红蜜蜡

名称：随形

规格：1.1g

产地：波罗的海

市场参考价：400 元

染色处理

在收藏蜜蜡的时候，稀有色彩的蜜蜡一直都是珍贵的收藏品种，比方说浅绿色、淡紫色等，因此很多人尝试用染色的方法处理蜜蜡。辨别一枚蜜蜡是不是染色了，就要仔细观察裂隙，如果发现其中有深色染料，便可以初步判断蜜蜡经过了染色处理。

名称：弥勒

规格：13.8g

产地：波罗的海

市场参考价：12000 元

名称：随形

规格：1.7g

产地：波罗的海

市场参考价：600 元

名称：随形

规格：1.5g

产地：波罗的海

市场参考价：500 元

辨别假蜜蜡

天然蜜蜡是一种有机宝石，不能人工合成，可是有些商人想要获得暴利，所以开始制造假冒蜜蜡。现在，市面上出现了大量的假冒蜜蜡，这个时候必须谨慎区分，假冒蜜蜡的原料通常是塑料、玻璃。和真蜜蜡进行对比，辨别这些假冒的蜜蜡还是比较容易的。

现在，国内假冒蜜蜡的材料主要是硬树脂、松香、柯巴树脂、塑料、玻璃、玉髓。天然树脂是还没有石化（未经过埋藏）的松香、桦树树脂、新西兰高利树脂等。

鉴别蜜蜡与硬树脂

硬树脂的埋藏时间比较短，是一种半石化的树脂，成分和蜜蜡很相近，硬树脂中没有琥珀酸，挥发成分比蜜蜡含量高。物理性质与蜜蜡相似，更容易被化学品腐蚀。

鉴别方法：将小滴乙醚滴到硬树脂表面，用手揉搓，硬树脂会软化，蜜蜡使用这种方法测试则无变化。使用短波紫外线灯照射，硬树脂反射的光线为强白色荧光。热针测试硬树脂更容易熔化。

名称：随形

规格：2g

产地：波罗的海

市场参考价：700 元

名称：鱼

规格：6.4g

产地：波罗的海

市场参考价：2200 元

包银蜜蜡珠

鉴别松香与蜜蜡

松香并未经过地质的作用，外观是淡黄色不透明的，带有树脂光泽，重量轻且硬度低，用手可捏成粉末，密度与蜜蜡接近。表面常可以看到油滴状的气泡，经过短波紫外线照射，能够看到黄绿色的荧光。燃烧时有芳香味。蜜蜡通常是不透明的，用手捏不动。一般蜜蜡使用加热的工序后，内部很难看到气泡，多为太阳花。蜜蜡的手感很轻，带有潮湿感。

松香的鉴别

伪造蜜蜡的材料种类很多，松香是其中的一种。相比其他材料，松香密度和蜜蜡接近，而且用燃烧法也无法准确判断，它们的最大区别就是硬度，因为没有受到地质作用的影响，松香硬度很低，可以用硬度测试来进行判断。

鉴别柯巴树脂与蜜蜡

柯巴树脂形成的地质年代较晚，并未石化。使用乙醚测试法会出现黏性的斑点。柯巴树脂对酒精更敏感，如果使用酒精或冰醋酸测试，会出现发黏或不透明的现象。柯巴树脂用紫外线灯照射为亮度较高的白色荧光。其红外光谱和蜜蜡不同。

名称：随形

规格：1.7g

产地：波罗的海

市场参考价：600 元

白蜜蜡原石

鉴别蜜蜡与塑料

塑料仿造品使用的材料包括酚醛树脂、酪蛋白塑料、安全赛璐珞、氨基塑料、有机玻璃、聚苯乙烯等。早期塑料仿制品中常能见到流动的构造。最近几年的塑料假冒蜜蜡不但能够仿造颜色，甚至可以伪造太阳花，与蜜蜡极为相似。塑料仿制蜜蜡固然可以以假乱真，可是通过折射率和密度检测还是能够区分的。

鉴别玻璃、玉髓与蜜蜡

玻璃、玉髓硬度远超过蜜蜡，如果使用小刀刻划，蜜蜡非常容易出现划痕。玻璃、玉髓通常没有丝毫的痕迹。玻璃、玉髓的密度分别为 $2.4g/m^3$ 和 $2.6g/m^3$，相比蜜蜡要重得多，重量方面区分并不难。这 3 种材质的光泽也不同，玻璃、玉髓为玻璃光泽，蜜蜡为树脂光泽。

蜜蜡环

老蜜蜡的鉴别知识

何为老蜜蜡

老蜜蜡是蜜蜡原石经加工做成的器物，并历经很长时间的把玩、品赏后保存下来的蜜蜡制品。

老蜜蜡的“老”指的是加工成型后的时间长。普遍认为，只有经历几十年的把玩之后，蜜蜡器物才能被称为“老蜜蜡”。

新蜜蜡指的是由蜜蜡原石加工制成的物件，但制成时间很短。

新蜜蜡其实是相对老蜜蜡而言的。新蜜蜡的“短时间”同样是相对的，一个月可以说是短，几个月也可以说是短，几年同样可以称其为“短”。

包银老蜜蜡珠子　　老蜜蜡

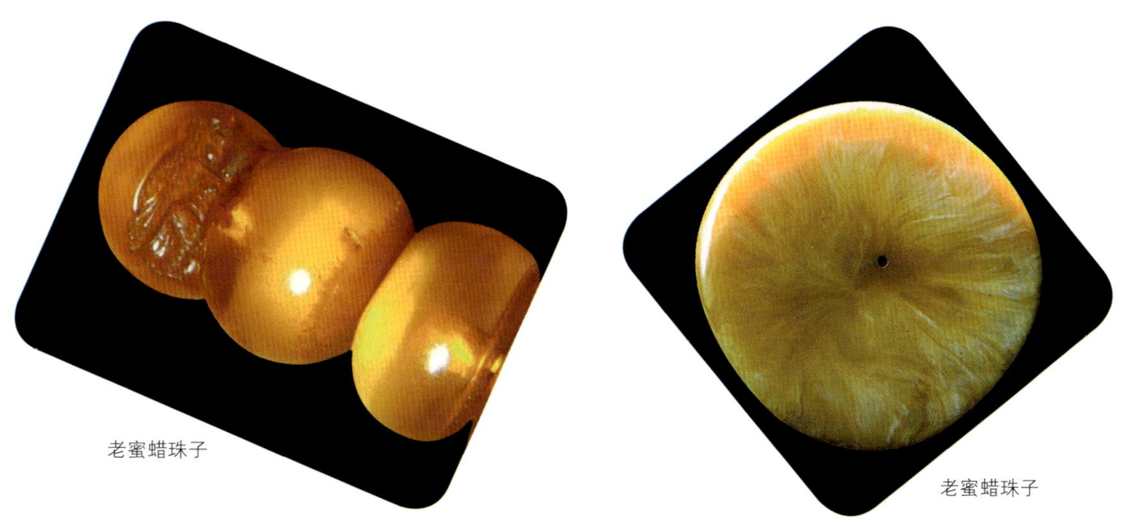

老蜜蜡珠子

老蜜蜡珠子

老蜜蜡的起源

现在市面上流通的老蜜蜡，有一些是穆斯林的宗教用品，有一些是西藏的宗教用品，还有一部分是欧洲贵族的装饰品，因为来源地不同，价格相差巨大，西藏老蜜蜡可以说是这些蜜蜡中的“珍品”，价格肯定不菲。如果深究其缘由，那便是因为宗教的神秘色彩，这个时候我们自己就要进行判断：到底玩的是蜜蜡还是神秘。当然，每个人的选择不同，但西藏蜜蜡价格高却是不争的事实。

灵宝老蜜蜡串珠

老蜜蜡圆珠

鉴别的细节

◎ 鉴别品相

老蜜蜡的形状

老蜜蜡讲究的是皮壳，此外还有形状。按照蜜蜡的形状及存世的稀有程度从高到低进行排列为：球、桶、枣、饼、墩、片。这个排列比较笼统，蜜蜡还有一些特别形状的器物，比方说马蹄珠、鼓珠、橄榄珠，另外还有三通、四通、背云、勒子等。

老蜜蜡珠子

马蹄珠是特殊种类，通常由球珠、桶珠、枣珠经历很长时间的磨损变成。球珠其实是鼓珠，而橄榄珠则属于枣珠的另类表现形式，墩和片则不用仔细分类。

老蜜蜡的颜色和蜡质

老蜜蜡的颜色有许多种，归类后基本有 3 类：红、黄、花。

老蜜蜡的蜡质有个特点：透明度越高则蜡质越差，通常云纹越浓密，蜡质相对越好，通过此种原理可以知道为什么花蜡用灯光无法打透。

名称：弥勒

规格：14g

产地：波罗的海

市场参考价：8800 元

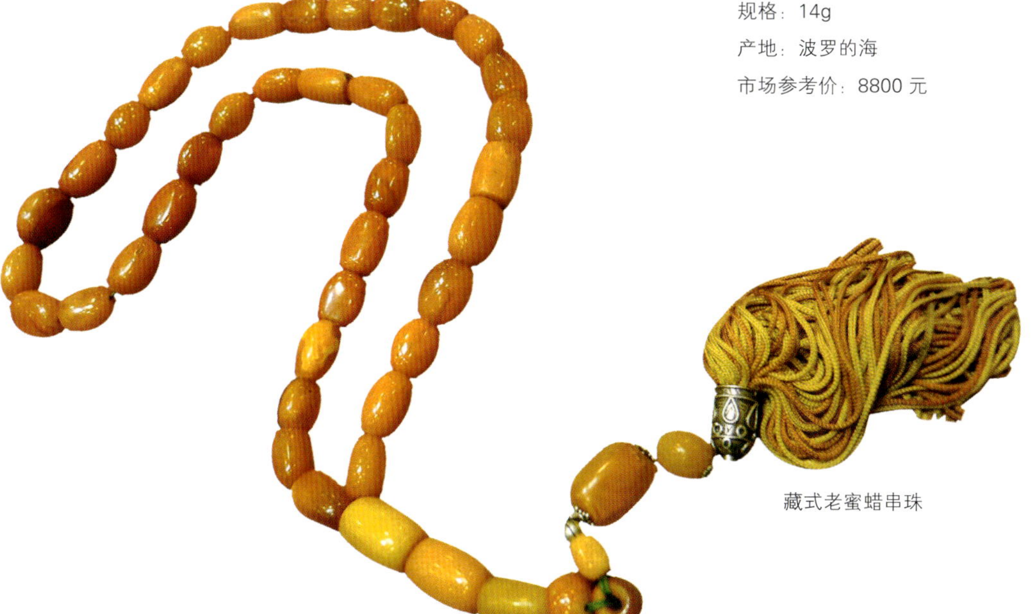

藏式老蜜蜡串珠

◎ 鉴别特征

对于那些重把玩的蜜蜡玩家来说，新老其实并不是问题。如果以收藏为主，是否为老蜜蜡就必须仔细甄别了。下面是判断是否老蜜蜡的几个常见要素：

孔道：如果蜜蜡上有小孔，那基本就是新蜜蜡。过去，人们制作蜜蜡器物的工艺水平不高，通常使用手工钻孔，钻洞都很大。并且由于把玩较久，以及出于线绳勒压的作用，在老蜜蜡上常会发现线绳磨损的喇叭孔或线绳向某一边勒压形成的钥匙孔。

包浆：蜜蜡经过很长时间的把玩才能形成包浆。老蜜蜡表面的包浆呈膜状光泽。

风化纹：又名橘皮纹，意思是老蜜蜡表面宛如橘子皮的纹路，仔细观察能够发现这是若干个大小不同的点聚集起来的一个个小的平面。风化纹通常是因为长期闲置不把玩，没有人体油脂的滋润，阳光空气损伤了蜜蜡皮壳而形成的。那些长期把玩、包浆细腻的老蜜蜡，基本不会出现风化纹。这就如同经常使用护肤品的人皮肤必然不会太粗糙一样。

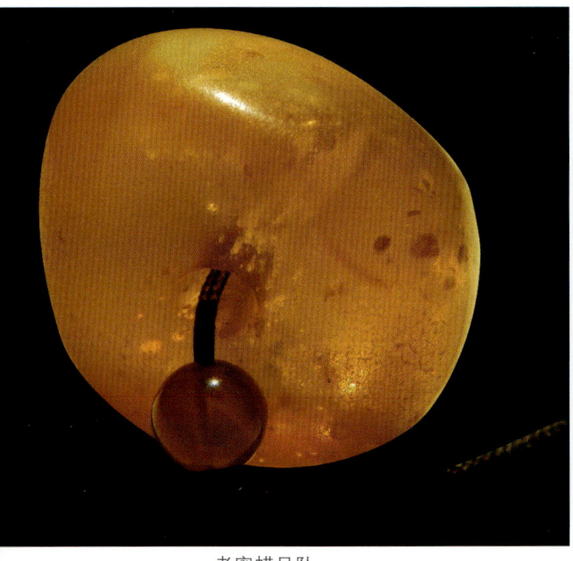

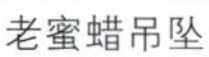
老蜜蜡吊坠

老蜜蜡串珠

名称：随形

规格：2.3g

产地：波罗的海

市场参考价：800 元

冰裂纹：俗称开片，是蜜蜡长期暴露在干燥的环境之中，脱水而形成的干裂纹。因此，冰裂和包浆也是相对的，长期把玩的蜜蜡包浆必然好，包浆出色，冰裂纹出现得就更慢一些，这就跟土地多雨水必然不会干裂一样。这也可以解释老蜜蜡皮壳无冰裂而孔道有冰裂的情况。

另外，还需要注意：上述老蜜蜡的特征并不是绝对的。因为风化、冰裂和包浆是相对的，如果包浆好，那肯定自然风化冰裂不会太严重；如果有优秀的包浆，那肯定经过了长期的把玩。

老蜜蜡吊坠

纯天然老蜜蜡手串

老蜜蜡片珠

孔道经长期把玩磨损才会形成钥匙孔，孔道的磨损主要是因为绳线的勒压，这种勒压效果和线的松紧关系密切，紧则磨损严重，松则磨损相对较轻。老蜜蜡形成钥匙孔或喇叭孔肯定经历了很长时间的勒压，长期把玩必然会形成包浆。

老蜜蜡的常见特征并非相辅相成。当判断老蜜蜡的时候，只能依靠此类并非绝对的标准。

老蜜蜡手串

实际上，老蜜蜡玩的是皮壳。皮壳本身承载着老蜜蜡的历史，如果去掉外壳，老蜜蜡和新蜜蜡并无区别。因此，老蜜蜡让收藏者心情愉悦的地方就是柔润的孔道，外表包浆而呈现出来的宝光，以及那些充满了内涵的风化和冰裂纹。

对于刚刚接触老蜜蜡的朋友，有一些特别的地方需要注意。

（1）并不是所有的老蜜蜡都有风化纹和冰裂纹。事实上冰裂纹并非是加分项，而是减分项。

（2）老蜜蜡中的琥珀酸并不会因为人的把玩而迅速减少。

（3）不同于半珀半蜡，老蜜蜡表面的纹路通常都是因为佩戴磕碰的原因而形成的。

名称：寿桃

规格：42.4g

产地：波罗的海

市场参考价：22800 元

◎ 鉴别烤色

老蜜蜡桶珠

蜜蜡的烤色处理能够提升蜜蜡的美感，在欧洲有很长的应用史。这是制作琥珀、蜜蜡首饰的一种方法，主要是通过压、烤的物理方式实现。通过烤色的方式能够提升蜜蜡的亮度和硬度，这种工艺在欧洲被认为是合理的加工技术。通常烤色的工艺多出现在欧洲回流的一些老蜜蜡上面。

不过，本来非常合理的烤色工艺在我国则被严重歪曲，加工技术变得日益烦琐：注胶、高温恒温烤、化学注色等技术层出不穷，最终蜜蜡变成了不伦不类的东西，既没有新蜜蜡的那种清新感，又没有老蜜蜡的内涵，实在是俗不可耐。

老蜜蜡手串

名称：福在眼前

规格：6.3g

产地：波罗的海

市场参考价：2300 元

名称：福在眼前

规格：5.3g

产地：波罗的海

市场参考价：1900 元

名称：随形

规格：1.6g

产地：波罗的海

市场参考价：600 元

优化工艺

伴随着岁月的流逝，蜜蜡会因为氧化等原因变得越来越漂亮，对于蜜蜡的优化工艺，其实是加快了这一进程。早期的简单优化只是烤色等工艺，在优质天然蜜蜡上使用优化工艺加工能提升蜜蜡的价值，但是如果用劣质蜜蜡，使用各种手段处理，那便不属于优化的范畴了。

第四章

蜜蜡的价值判断与收藏

收藏价值的体现

一直以来，琥珀和蜜蜡都是世界各地的皇室、贵族、收藏家、普通民众追求的宝物，它们不仅被用于把玩、装饰，据说还有神秘的力量。那么，和琥珀相比，蜜蜡有哪些其特殊的收藏价值呢?

总量少，升值空间大

在当前市场上，蜜蜡首饰的价格往往大大超过琥珀首饰，那些珍藏多年的老蜜蜡的价格更是惊人。例如，北京 2009 年的一次慈善珠宝拍卖会上，清朝的一条蜜蜡项链最终成交价为 38 万元，可与翡翠、钻石相比。

有悠长的历史，暗合中国人审美品味

世界不同地区的人在审美情趣上有差异，相比西方人追逐琥珀，中国人更喜欢蜜蜡。我国古代的时候，蜜蜡因其“色如蜜，光如蜡”从而获得了“北方之金”的赞誉，是达官贵人竞相收藏、把玩、佩戴的宝物。皇室的帝后们都把蜜蜡看成是吉祥之物。蜜蜡还是权力的象征，清朝皇帝、皇后、显宦使用的部分朝珠和挂珠的材质便是蜜蜡，这都能反映出蜜蜡的尊贵。尤其是明黄色的蜜蜡，一直都是清代皇家独享的品种。单看中国人的收藏心理，就可以发现蜜蜡的明显优势。

名称：随形

规格：3.8g

产地：波罗的海

市场参考价：1300 元

日渐稀缺，收藏日盛

现在蜜蜡资源日趋稀缺，很多著名的蜜蜡矿藏都差不多枯竭了，蜜蜡因此更受到热烈的追捧。所以从长期来看，蜜蜡保值、升值的空间是相当大的，近年来蜜蜡市场价格的迅速增长也印证了上述推论。

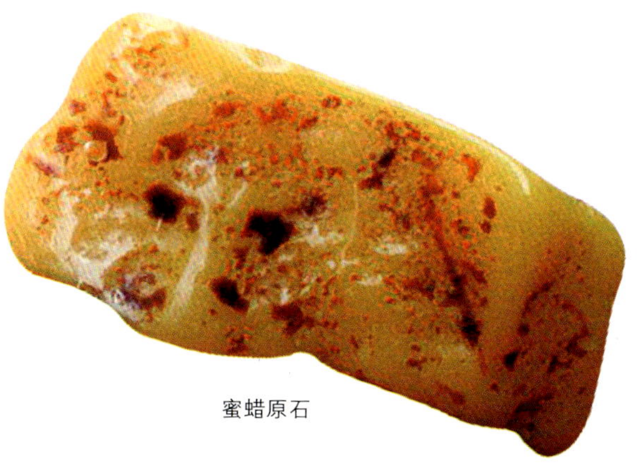

蜜蜡原石

名称：老蜜蜡手串

规格：32g

产地：波罗的海

市场参考价：22000 元

名称：老蜜蜡手串

规格：45g

产地：波罗的海

市场参考价：39800 元

名称：灵鲤戏宝

规格：19.5g

产地：波罗的海

市场参考价：6800 元

名称：貔貅

规格：22.5g

产地：波罗的海

市场参考价：11800 元

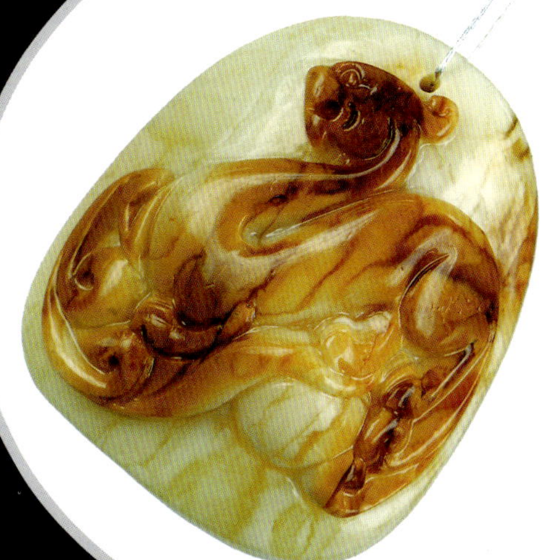

判断蜜蜡的价值

当我们选购或投资蜜蜡的时候，要优先挑选天然纯正、质地油润、未经人工染色、完好无损伤的蜜蜡。顶级的蜜蜡外观脂光润亮，有宝光，常可以看到绢丝、云纹、虎纹、风化纹及冰裂纹，孔道氧化后能够发现洒金或爆花。

和宝石相似，蜜蜡同样也是越大越好，因此收藏的时候最好以大块、完整的蜜蜡优先。蜜蜡中的极品是大小类似拳头的，体积小一些的蜜蜡收藏价值相对较低。另外，蜜蜡价值的高低与其是否受到过加热熔合也有关系。

名称：腰缠万贯

规格：42g

产地：波罗的海

市场参考价：38600 元

名称：祝福

规格：26g

产地：波罗的海

市场参考价：16800 元

名称：连年有余

规格：27g

产地：波罗的海

市场参考价：17800 元

名称：祝福

规格：18.6g

产地：波罗的海

市场参考价：8000 元

鉴定蜜蜡的价值，需要观察蜜蜡的质地、品相、大小，对于蜜蜡制品，还需要注意观察雕工的部分。对于蜜蜡雕件来说，工艺的好坏直接影响着价格，一件蜜蜡制品如果质地出色，但是雕工普通，那么加工后的制品在价值上甚至可能还会降低。收藏爱好者购买蜜蜡雕件的时候需要着重观察工艺，这是非常重要的参考条件。

（1）题材选择的问题。蜜蜡雕刻的核心内容就是题材，不同的雕刻题材，可以反映出人们不同的心态。许多雕刻题材是人们美好生活愿望的寄托，又有着深厚的文化底蕴。收藏爱好者在选购蜜蜡雕件时要留意雕刻的题材，看其是否符合佩戴者的身份、年龄。现在许多蜜蜡雕刻作坊只注重生产速度和经济效益，从而忽视了对于雕刻题材本身的控制，许多雕件的题材选择都不是太好；很多作坊因为节约成本的考虑，甚至不会聘用设计师，转而将设计的任务给了只有雕刻经验的师傅，因此雕件本身的寓意就不会太深刻。

规格：17.6g

产地：波罗的海

市场参考价：7800 元

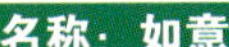
名称：如意

规格：5.6g

产地：波罗的海

市场参考价：4600 元

（2）雕刻的整体布局。我国的雕刻工艺历史悠长，流派众多，有不同的风格，蜜蜡雕件直观反映了中国传统文化，一件精品的整体设计、布局都有相当的要求。北工雕刻风格大气，刀法硬朗，章法布局顶天立地，点线密集，不留空白，优秀的作品有满而不塞、繁而不杂、多而不乱的特征。南工的作品使用的布局主要是薄意，比较注重意境和气韵，风格简洁明快，很受消费者追捧。

不过，现在市场上的蜜蜡雕刻作品工艺特点并不是很鲜明，有一些北方的雕刻工匠前往南方，促进了南北技法的融合，可是作品创作风格没有升华，没有形成全新的风格，这也导致市场上精品雕件寥寥。

名称：貔貅

规格：5.6g

产地：波罗的海

市场参考价：5600 元

蜜蜡收藏的行情

国际蜜蜡市场

现在，珍贵的天然蜜蜡出产日渐稀少。预计在今后很长一段时间里，天然蜜蜡艺术品的收藏与投资价值会越来越高。

目前，国际性的蜜蜡市场分布在美国、加拿大、意大利、日本等，这些国家本身也出产蜜蜡。

老蜜蜡酒壶摆件

波兰蜜蜡戒指

加里宁格勒白蜜蜡

俄罗斯最著名的蜜蜡产地是加里宁格勒，加里宁格勒的列宁大街有许多出售蜜蜡的商店。产品的种类包括胸针、项链、耳环、手镯、戒指、烟斗、装饰品盒和花瓶，另外还包括黑黄相间的国际象棋盘、帆船、各种小动物雕刻等。

蜜蜡一直都是波兰的特色旅游工艺品，很多去波兰的外国人归国的时候都要带一些蜜蜡饰品。波兰的蜜蜡主要销售到英国、法国、德国等欧洲的发达国家，波罗的海周边的那些国家，像立陶宛、瑞典、德国的蜜蜡通常也在波兰加工和销售。

波兰蜜蜡饰品的种类多样，常见的类型是小件装饰品、饰物和小摆件，比较难见到大型的雕刻工艺品。波兰著名的城市华沙有波兰规模最大的蜜蜡零售市场，这里还是成品的集散地。华沙的珠宝公司及工艺品柜台中随处可见蜜蜡的装饰品、镶嵌工艺饰品及摆件，可见蜜蜡强劲的市场消费力，外地游客前往波兰旅游，蜜蜡一直都是最热门的纪念品。可是这种资源被迅速开采之后，变得更加珍贵。市场上一些珍稀蜜蜡的价格甚至超过了黄金。

现在国际上的蜜蜡供应充足。中低档蜜蜡的市场需求巨大，尤其是流行饰物，这都直接影响到了蜜蜡的优化处理技术。由于处理成本低，最多见的是加热的蜜蜡和压固的蜜蜡，这些产品直接影响了蜜蜡价格，尤其是高质量蜜蜡的价格。蜜蜡除了做珠宝外，另外还有医药和工业的用途，天然蜜蜡的价值仍旧比较高。

罗马尼亚出产的蜜蜡价值较高，在 20 世纪初甚至成了欧美价值最高的蜜蜡产品。这些蜜蜡颜色多样，多用来制作珠宝装饰品，部分蜜蜡矿石出口到奥地利，在维也纳制作成雪茄配套的烟管和烟盒。不过，现在罗马尼亚蜜蜡日渐稀少，大多已成为收藏品，因此需要到古董店去淘。

树叶吊坠

名称：如意

规格：7.2g

产地：波罗的海

市场参考价：2500 元

规格：5.2g

产地：波罗的海

市场参考价：1800 元

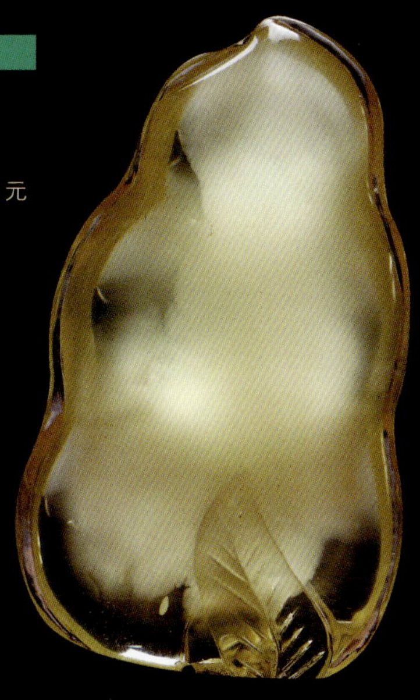

多米尼加蜜蜡雕件

现在的天然蜜蜡产区主要是俄罗斯等国，因为大量的开采活动，储存量迅速下降，产量随之受到影响，天然蜜蜡的国际市场价格迅速提高。由此可以预见，天然蜜蜡艺术品的收藏与投资前景将会比较好。

蜜蜡艺术品一度在国际市场上价格平淡，收藏的人并不多，直到 20 世纪 80 年代中期，宗教文物的收藏日渐火热，中国台湾、中国香港、新加坡、日本等地区的蜜蜡收藏因此日盛，价格随之水涨船高。近年来，很多欧美艺术品爱好者都开始购买蜜蜡艺术品，遂将蜜蜡市场炒热。

雪山蜜蜡手镯

蜜蜡把件

我国蜜蜡市场

蜜蜡在中国市场上相当受欢迎，收藏热度不次于金银、水晶等常见的收藏种类。中国市场上常见的蜜蜡品种包括：

多米尼加蜜蜡

多米尼加蜜蜡主要是由叶子与榕树相类似的豆科古植物的树脂石化而成的，非常美丽，可是种类比较少，因此是珍贵的蜜蜡品种。

雪山蜜蜡

雪山蜜蜡的产地在中东和非洲，这种蜜蜡之所以名为雪山蜜蜡，并非是因为产自雪山，而是因为这种蜜蜡具有色深、滋润的特点，色层、流纹丰富多彩、变化多端，很像是雪山的胜景。雪山蜜蜡包括绿雪山、蓝雪山、黄雪山等品种。

水蜡

水蜡中少见杂质，整体的感觉很透明，因此许多收藏者都比较青睐水蜡。

另外，平时常见的蜜蜡还包括含有丝状条纹的丝蜡、奶黄色和金黄色的波罗的海蜜蜡等。这些蜜蜡中，价值最高的就是多米尼加蜜蜡，而雪山蜜蜡和水蜡价值比较低，价值更低一些的是丝蜡和波罗的海蜜蜡。不过价值并非绝对，需要考虑年代的因素。

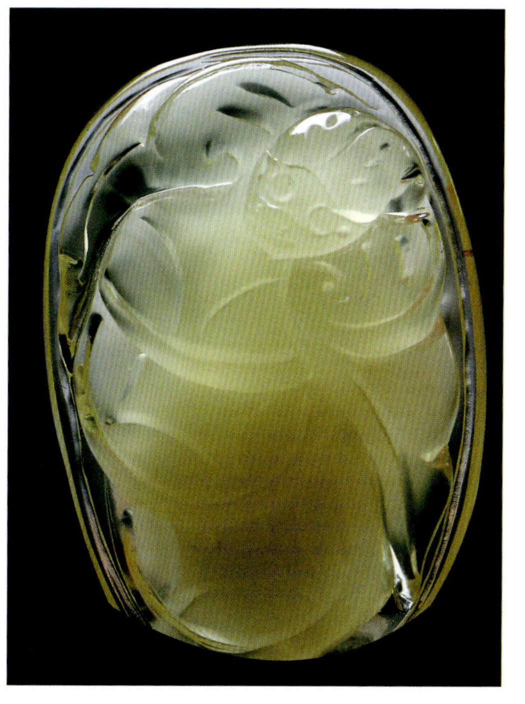

名称：福在眼前

规格：5g

产地：波罗的海

市场参考价：1800 元

红蜜蜡吊坠

中国市面上常见的蜜蜡基本都不是产自国内的，主要由俄罗斯、立陶宛等国家进口，颜色多为橙黄色、偏棕色、柠檬黄色，色泽通常比较浅，因此多用来制作小雕件。明黄色的蜜蜡不怎么常见，这种蜜蜡多数都是过去开采的，品质相对较高，现在的数量已经不多了。我国的青海、西藏地区有很多老黄蜡的藏品，价值是相当高的。

蜜蜡手串

现在，中国的大型拍卖会上展示和拍卖的天然蜜蜡艺术品在价格和成交量上都比其他宝石要低，通常清代的蜜蜡挂珠、手链最终成交的价格为 2 万~5 万元，平日市场上的成交价格通常也是在这个水平。

由于中国国内蜜蜡产品的价格相对较低，故而东南亚地区的很多蜜蜡收藏者都将目标瞄准了中国的拍卖市场，推动了中国蜜蜡产品的价格上升。

名称：弥勒

规格：16.9g

产地：波罗的海

市场参考价：12000 元

蜜蜡制品的保养

了解了蜜蜡的种类和特征以后，怎么保养蜜蜡，怎样合理佩戴蜜蜡制品，就提上日程了。如果蜜蜡艺术品本身很精致，那人们肯定很喜欢，但如果平常存放不当或是保养不到位，则可能直接伤害蜜蜡，导致价值的损失，无疑是很可惜的，这就需要对蜜蜡进行保养。下面我们对蜜蜡的保养知识进行介绍。

名称：福瓜

规格：7.4g

产地：波罗的海

市场参考价：2700 元

蜜蜡的存放要素

◎ 温度和湿度

蜜蜡首饰的禁忌是高温，因此不可将蜜蜡长时期放置在阳光下照射或是放到暖炉边烘烤。

蜜蜡比较易脱水，一方面要预防高温，同时不能把蜜蜡放到干燥的环境中，因为干燥会导致裂纹出现。

保存蜜蜡的环境需要相对稳定的温度，不能有太大的温差变化，这样才能保证蜜蜡处在最佳状态。

蜜蜡雕花

名称：如意

规格：5g

产地：波罗的海

市场参考价：1800 元

◎ 化学试剂

化学试剂会直接影响蜜蜡的品质，应尽量避免蜜蜡接触酒精、汽油、煤油等物品，我们的生活中有些物品，如指甲油、香水、发胶、杀虫剂等，都可能伤害蜜蜡，因此必须要远离。

蜜蜡通常不能放到化妆柜中，因为化妆品会影响蜜蜡。另外，喷香水或发胶时，也应尽量避免和蜜蜡首饰接触，因为这会影响蜜蜡的品质。

◎ 防碎防裂

蜜蜡因为硬度低而易碎，平时就应该避免摩擦、刮花的情况，通常说来单独存放是最好的，避免和钻石等硬度高的首饰存放到一个地方。

蜜蜡的保养方法

保养得当能够延长蜜蜡的寿命，还能给蜜蜡增加独特的魅力。通常说来，蜜蜡形成过程中经过了很长的地质时间，基本不会挥发成分，蜜蜡本身的硬度、耐磨性和耐腐蚀性也能够抵御一定的侵害，在日常生活中，正确地保养蜜蜡并不是很难。

名称：福瓜

规格：6.1g

产地：波罗的海

市场参考价：2100 元

名称：福禄

规格：6g

产地：波罗的海

市场参考价：2200 元

◎ 正确清洗

蜜蜡不能和硬物摩擦，否则会产生细痕，之后就会变得毛糙。许多人在清洗蜜蜡的时候，往往会使用毛刷进行清理，这种行为是错误的，直接的影响就是蜜蜡粗糙化，黯然失色。

长期暴露在空气中或是佩戴过久，蜜蜡表面肯定会沾染灰尘和汗水，这就需要清洗。清洗时使用加有中性清洁剂的温水，经过一定时间的浸泡后，用手搓净拿出来，并用毛巾等柔软的洁具进行擦拭，等蜜蜡干燥后，表面涂抹少许的橄榄油或茶油，使其遍布整个蜜蜡，再擦拭一次，把多余的油渍清理干净，蜜蜡即可恢复光泽。

蜜蜡平安坠

用油擦拭蜜蜡

蜜蜡本身硬度不高，当沾染污物的时候，还是以清洗和擦拭为主。用油擦拭的方法很常见，在清理干净蜜蜡表面后，再用油擦拭，可以让蜜蜡表面重新发出光泽，这对于保护蜜蜡的品相很有帮助。

◎ 恢复光泽

长时间佩戴蜜蜡往往会导致其表面因氧化而变得暗淡，面对这种情况不要用力清洗，而应该使用女性穿的丝袜、棉布等相对柔软的材质对蜜蜡进行包裹，之后轻轻摩擦蜜蜡表面，直到微微发热，热量会直接影响到蜜蜡的内部，消失的光泽会重新展现出来。

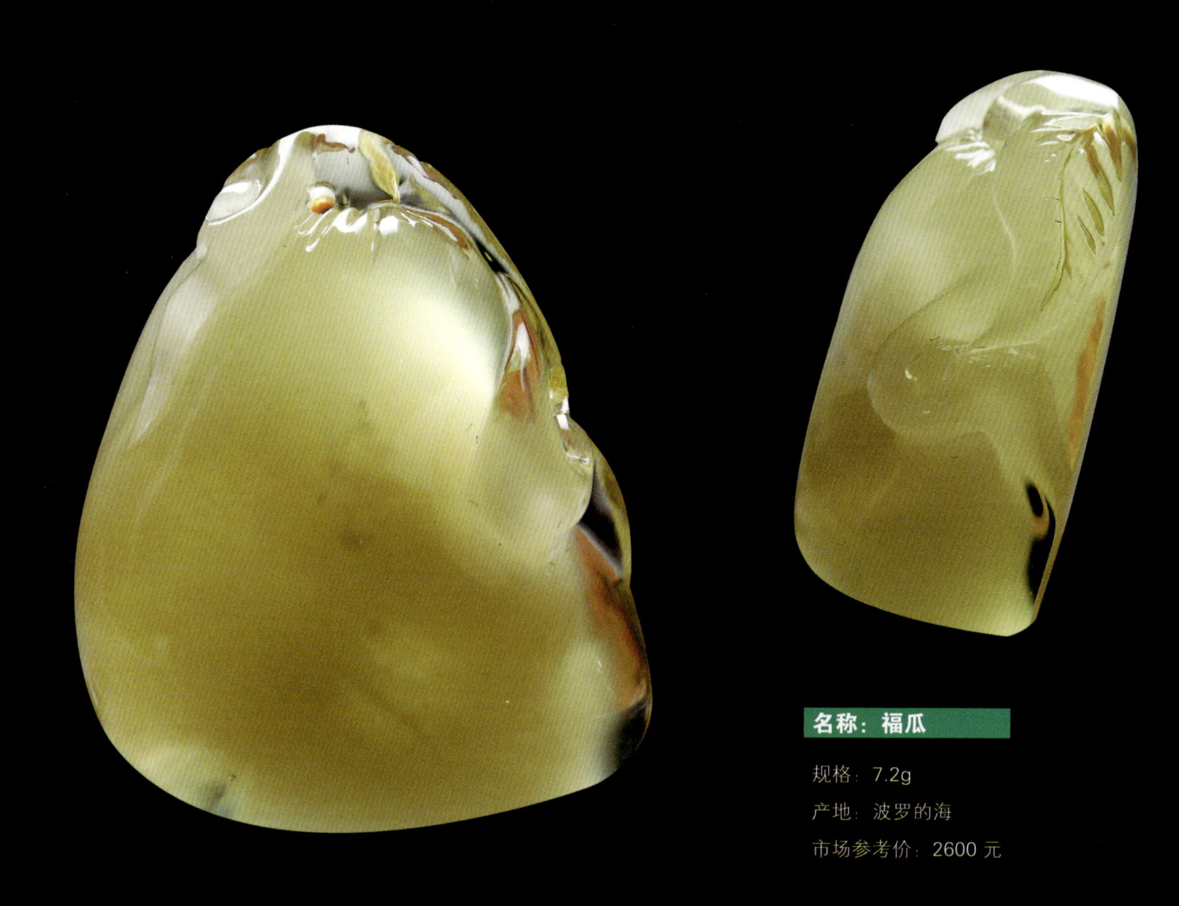

名称：福瓜

规格：7.2g

产地：波罗的海

市场参考价：2600 元

◎ 长期佩戴把玩

保存蜜蜡最佳的办法就是长期佩戴，通常说来，人体的油脂和温度可以让蜜蜡变得美观，使其越戴越亮。平时多抚摸蜜蜡，还能够让人心灵宁静。

◎ 小心受损

部分收藏者利用首饰店中的超声波清理首饰，不过此类办法仅适用于普通的首饰，并不适合养护蜜蜡，甚至可能把蜜蜡洗碎，使蜜蜡遭受大的损伤。

名称：福寿双全

规格：16.68g

产地：波罗的海

市场参考价：12800 元

第五章

蜜蜡雕刻的工艺鉴赏

中国蜜蜡雕刻的历史传承

中国以蜜蜡制作工艺品的历史相当悠久，最早在新石器时代的遗址中便发现了蜜蜡雕刻的装饰物，随后经过了商周秦汉，蜜蜡的历史一直都与古代玉器的历史发展紧密联系着。

名称：随形

规格：2g

产地：波罗的海

市场参考价：700 元

清朝皇室的朝服配饰经常能看到一两串蜜蜡朝珠，不过从清朝留存到现在的蜜蜡总量并不大，工艺精湛的产品也不多。主要原因还是古代不好寻找大块蜜蜡，雕成较大的立像或坐像后保养也不简单。我们都知道，蜜蜡硬度较低，很多的蜜蜡雕像雕刻难度非常高，另外还需要预防碰撞，一不小心便会出现崩裂或暗绺。

规格：4.74g

产地：波罗的海

市场参考价：1200 元

晚清宫廷和富贵人家常用蜜蜡雕刻观音像、钟馗（捉鬼）像、八仙像、刘海（戏蟾）像及寿星公像进行陈设装饰，一般较为精致，风格很像是寿山石和翠玉雕件——那时候专门雕刻蜜蜡的人并不多，很多蜜蜡雕刻工匠本来是雕刻玉石像或寿山石像的。蜜蜡雕像的下侧通常都用镂空雕的黄杨木座、花梨木座、紫檀木座进行陪衬，相得益彰。

名称：随形

规格：1.8g

产地：波罗的海

市场参考价：600 元

现在市面上流通的蜜蜡饰品，因为丰富的雕刻内容和非常吉祥的寓意，受到了人们的追逐。人们把蜜蜡看成是圣物，相互赠送，用以交流感情，送给长辈代表着福寿安康，送给新出生的婴儿则意为健壮吉祥。

蜜蜡凝结了人类的智慧，雕刻艺术将本来便具备神秘魅力的蜜蜡变得更加美丽，带雕工的蜜蜡同时也点缀着人们的生活，影响着人类的文化传承。

名称：弥勒

规格：14.9g

产地：波罗的海

市场参考价：8800 元

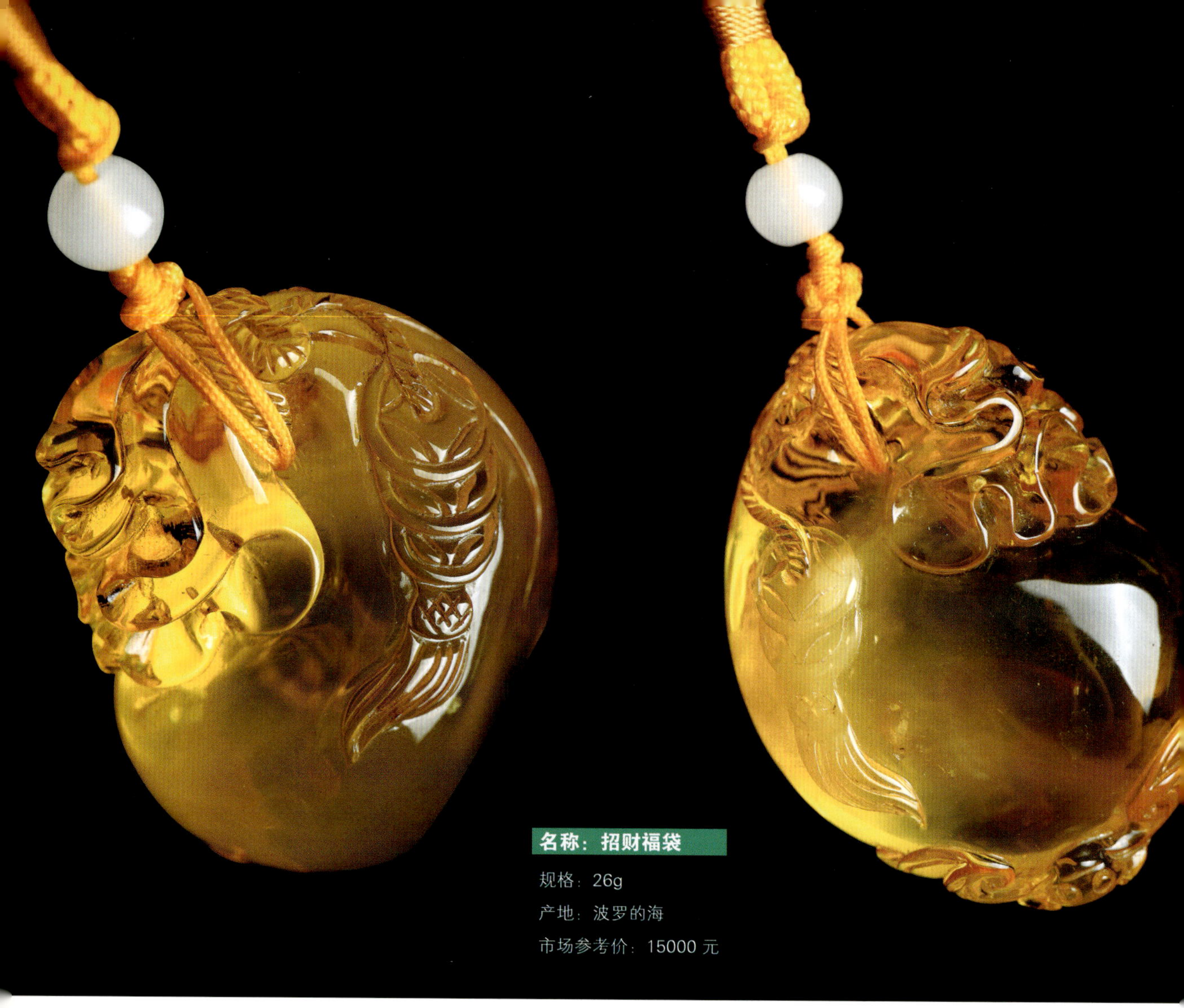

名称：招财福袋

规格：26g

产地：波罗的海

市场参考价：15000 元

中国蜜蜡雕刻的题材

蜜蜡饰品有许多不同的题材和造型，优质的蜜蜡饰品雕刻技法可谓精益求精，有的豪迈大气，有的含蓄柔美，有的庄严肃穆，有的俏皮可爱，不同的作品带有不同的文化气息。

瑞兽珍禽

古代人心中往往有多神灵的概念，部分神灵的形象更成为部族的图腾、崇拜的对象。

中国古代的蜜蜡雕刻艺术有象征的特点，不管是象征自己的威严，或者是对异己力量的征服，通常代表的形象都是神灵怪兽。如将强劲雄健的内涵与凶猛的野兽相联系，这都是中国古典象征主义雕刻的美学风格。

蜜蜡雕刻中常见的飞龙、朱雀、奔马、走兽都代表着力量强劲的精神内涵，古人认为，使用此类蜜蜡的饰品，能够起到辟邪、护佑的作用。

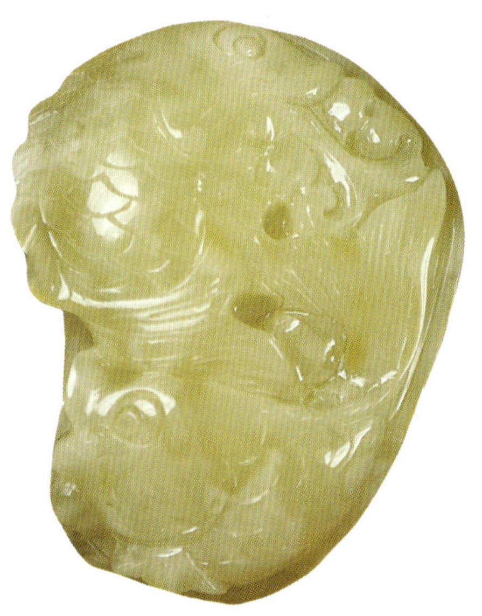

锦鲤雕件

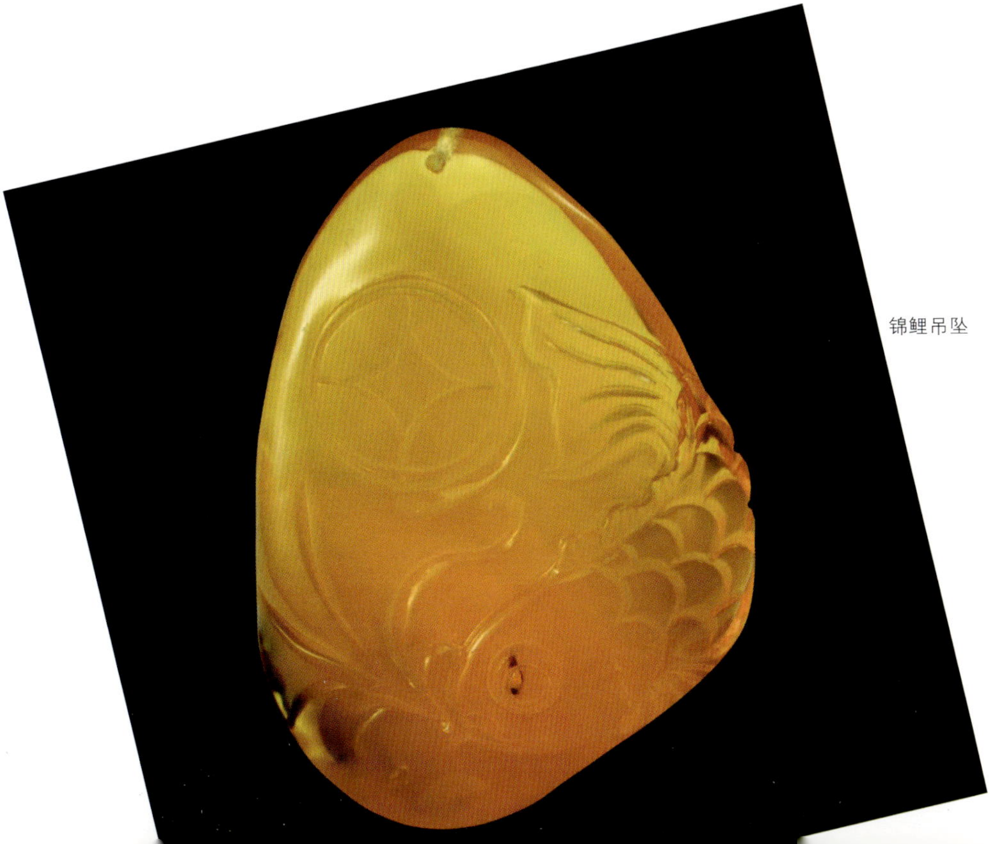

锦鲤吊坠

名称：如意貔貅

规格：10.2g

产地：波罗的海

市场参考价：8800 元

马上封侯：这个题材的主要组成部分是猴子、骏马。“猴”和“侯”同音，猴子骑在了骏马背上，便有了“马上、立刻”的含义，寓意功名指日可待。

辈辈封侯：这个图案的主题部分是大猴的背上骑着小猴，小猴还做出好玩的动作。由于“猴”与“侯”同音，“背”和“辈”是同音，大猴、小猴则是两辈，就有了代代富贵的含义。

貔貅：传说是龙王的第九子，特点是只进不出，因此引申为可以聚财。

福到眼前：图案为蝙蝠口含金钱，寓意“好事当头”。

欢欢喜喜：图案为獾、猪、喜鹊，取谐音，表示笑口常开。

五蝠伴月：主体图案是一方小池中有一轮圆月，周围的祥云精心刻成五蝠展翅的图样，布局合理自然。在民间工艺制品上随处可见。

狮子滚绣球：在古人眼中，狮子可以压邪镇凶，旧时住宅门口的狮子便是这种寓意，舞狮子寓意祥瑞的风俗也是基于这种原因，狮子滚绣球的含义是好事即将来临。

太平有象：主体图案是白象身上拖着一件古瓶，古瓶用许多吉祥图案装饰。这类图案的寓意是天下太平。有的蜜蜡则雕刻成大象形状的宝瓶。

万象更新：主体部分是白象驮着一盆万年青，寓意为新气象。

九世安居：主体部分是9只在菊花中嬉戏的鹌鹑，“鹌”谐音为“安”，“菊”的谐音是“居”，9只的寓意是九世，寄托一家团圆、同堂和乐的愿望。

安居乐业：主体图案是鹌鹑在菊花旁，旁边的地上有几片落叶，落叶谐音“乐业”，寓意“安居乐业”。

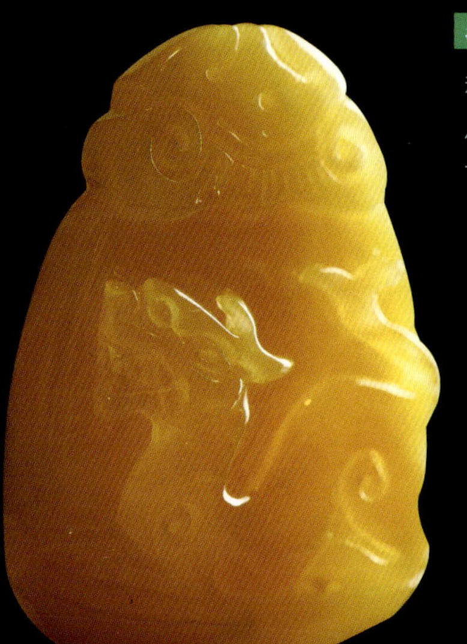

名称：福寿如意

规格：6.9g

产地：波罗的海

市场参考价：1200 元

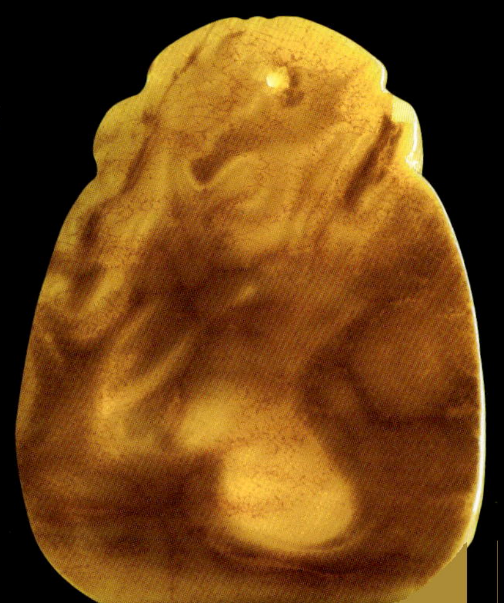

福寿双全：雕刻蝙蝠和寿桃的图案，寓意福寿双全。

福从天降：主体图案为一只蝙蝠。

太师少师：主体图案是大狮子和小狮子，寓意是古代的官名，寄托着望子成龙的愿望。

双欢：传说獾在动物界中是最忠于配偶的，如果配偶失踪或者死亡，獾会一直等待配偶到死去的那天，并不会移情别恋，故而象征夫妻间的忠诚。同时“獾”的谐音是“欢”，图案一般是两只首尾相连的獾。

蝉：将蜜蜡雕成蝉状或在器物上雕上蝉形图案。多给儿童佩戴，寓意为聪明。

鹦鹉：在器物上雕上鹦鹉图案，寓意英明神武。

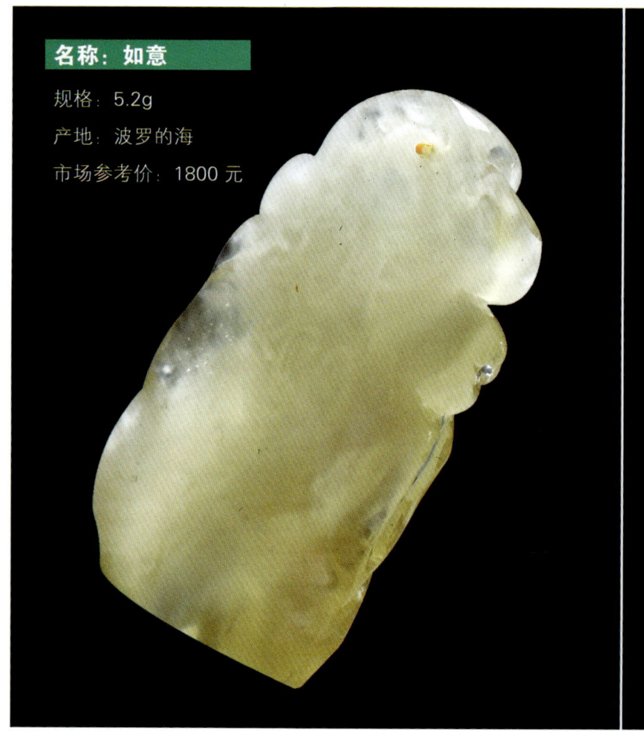
名称：如意

规格：5.2g

产地：波罗的海

市场参考价：1800 元

鹭鸶：有一路平安、顺利的寓意，这种鸟类和莲搭配起来，有“一路连科”的寓意。

熊：通常搭配鹰的形象，熊谐音“雄”，鹰谐音“英”，组合的寓意是“英雄斗志”。

蜥蜴：有今非昔比的寓意。

壁虎：有必得幸福的寓意。

麒麟：传说中的神兽，有龙头、鹿角、狮眼、虎背、熊腰、蛇鳞、马蹄、牛尾，象征着吉祥。

蜘蛛：古代的民间一直都将蜘蛛看成是财富和好运的象征，因此有了“喜蛛”的说法。另外，蜘蛛的谐音是“知足”，意思是知足常乐。

名称：如意

规格：5.3g

产地：波罗的海

市场参考价：1800 元

蝴蝶：蝴蝶有破茧成蝶的特点，有不朽的寓意。

甲虫：寓意是富甲天下。

虾：虾的外观是弯腰弓背，因此有了弯弯顺的寓意，“弯弯顺”就是“万万顺”，寓意就是万事顺利。

螃蟹：有富甲天下、横行天下的说法。

鳌：传说中的龙头大龟，古语有“独占鳌头”的说法，寓意是能够获得第一。

名称：年年有余

规格：8.5g

产地：波罗的海

市场参考价：3000 元

名称：富富有余

规格：15g

产地：波罗的海

市场参考价：8000 元

吉祥图案

中国人喜欢蜜蜡，多是出于祈祥求福的心态，因此在蜜蜡雕刻中大都加入传统吉祥图案。

蜜蜡上雕刻的吉祥图案包括花卉、鸟兽等，如喜鹊、蝙蝠、牡丹、荷花、莲蓬……这些图案都有吉祥的寓意，是蜜蜡雕刻的重要题材。

下面是一些常见的纹饰及其寓意：

蝴蝶：不朽。蝙蝠：福气。蝉：再生。鸾凤、鸳鸯：夫妻和睦。猪：富足。羊：吉祥。螃蟹：富甲天下。海螺：收纳财富。

葫芦：魔力。佛手：福寿。青莲：清廉。荔枝：利市大开。桃子：长寿。白菜：清白传家。柿子：吉祥。

八卦：自然的力量。太极：阴阳调和。

寿字：长生不老。喜字：吉庆。

鞋：万事和谐。

瓶、灵芝、鹿、鹌鹑、穗、竹：平安。

云纹：形似如意、绵绵不断。古钱：福在眼前。双钱：双全。

下面是一些常见造型及其寓意：

八仙庆寿：主体图案通常是八仙在松柏台上聚会，一边遥望，同时口颂祝词，祝福寿星寿比南山，图案中的松柏、寿石、祥云、瑞霭、仙禽、蟠桃等，都寓意着吉祥。

暗八仙：许多器物上雕刻有八仙的法宝，如扇子、笛子、花篮、宝剑等，用它们组成不同的图案，同样寓意吉祥，被称为“暗八仙图”。

连年如意：主体图案是莲花和荷叶，寓意心想事成，年年顺心。

金玉满堂：主体图案是一盆盛开的团花，团花在我国传统文化中寓意着吉祥，意思是繁花似锦，适用于许多场合，尤其是过年过节的时候。

天禄：传说中的一种瑞兽，短腿、双翅，有角，胡须和鬓毛连在一起，含有“爵禄”之意，寓意事业兴旺。

松鹤长春：松树和鹤是中国常见的文化题材，古人认为这二者都有神异的禀赋。松树被称为“百木之长”，传说千年树龄的松树产生的松脂会变为茯苓，服

名称：花开富贵

规格：8.2g

产地：波罗的海

市场参考价：4000 元

用后可以延年益寿；鹤则被称为“百羽之宗”，传说是凡人登仙后的坐骑。“松鹤长春”的图案常用来敬献给高龄夫妇，恭祝老夫妻健康长寿。

高官厚禄：一人头戴高帽，暗喻“高官”（“高冠”），人后面藏一鹿，以“后鹿”暗喻“厚禄”。此图案多见于明代。

富贵万年：主体图案是芙蓉、桂花、万年青。

吉庆有余：这个题材由戟、罄、双鱼等物品组合而成，“戟”和“吉”、“罄”和“庆”、“鱼”和“余”同音。戟是一种兵器，是一种辟邪的器物；罄是喜庆奏器；鱼的传统寓意是富余吉庆。这个题材体现了人们希望生活幸福、美满富裕的心愿。

连年有余：图案是莲花荷叶下有水和鱼，意思是富余吉祥。

名称：连年有余

规格：20.6g

产地：波罗的海

市场参考价：14800 元

名称：多子多福

规格：25g

产地：波罗的海

市场参考价：18000 元

玉堂富贵：图案的主体部分是牡丹花、海棠花、玉兰花簇拥在一起。玉兰花中含有“玉”字，“棠”和“堂”同音，牡丹则被称为富贵花，合起来寓意辉煌富贵。

平平安安：主题图案是花瓶和鹌鹑，取谐音“瓶”“鹌”。

喜上眉梢：图案为喜鹊站立在梅花的枝条上，意思是喜庆快乐。

岁岁平安：主体图案是稻穗插在花瓶中，旁边还有鹌鹑，取谐音“穗穗”“瓶”“鹌”，寓意事事顺利，岁岁有今朝。

多子多福：常见的雕刻图案是葫芦、玉米、石榴、葡萄，因为这些植物的形象特点是内含多籽粒，故而有了“多子多福”的寓意。

节节高：通常雕刻有“节”的翠竹，来体现“节节高”这个寓意。

岁寒三友：雕刻的主体图案是松、竹、梅。

弥勒佛雕件

佛教造像

佛教造像一直是雕刻领域的主要题材。蜜蜡与金、银、琉璃、珊瑚、砗磲、玛瑙一起被佛教视为“七宝”，是大吉大利之物，故而常以佛像作为雕刻题材，深受人们喜爱，最常见的有蜜蜡弥勒佛、蜜蜡观音等。

人物形象

1. 关公

即关羽，三国时蜀国名将，字云长，勇武过人，武艺高强。小说《三国演义》中，关羽死后封神，被后人敬为武圣，后来经过演变，逐渐成为武财神。关公题材的雕刻主要是关帝圣君、千里走单骑、关公与赤兔马、单刀赴会等内容。

2. 钟馗

钟馗在我国古典文化中被看成是驱鬼逐邪之神。其形象多为豹头环眼，铁面虬鬓，相貌奇丑，头上戴着尖顶软尺纱帽，身穿内红圆领蟒袍，束金镶玉带，踏翘头皂鞋。

在钟馗主题的雕刻中，伴随钟馗形象出现的还有不同类型的器物，多是钟馗用的兵器、文器及法器，具体有：

文器：官印、牙笏、魁星笔、玉琴、皇榜书、功德簿、赐福扇、玉如意。

兵器：青锋七星宝剑、金鞭、金锏、桃条、桃槌。

法器：八宝引路红纱灯、三沿宝盖黄罗伞、龙旗、扁担、书箱、赐药葫芦、酒海、石榴、仙桃、柿子、艾叶、菖蒲等。

钟馗题材的雕刻主要有钟馗捉鬼、钟馗嫁妹、钟馗醉酒等。

名称：福在眼前

规格：5.2g

产地：波罗的海

市场参考价：1800 元

3. 财神

财神在中国可以说是人人皆知，这位神仙非常贴近民众，很大程度上寄托了中国民众祈求财富和幸福的心态。蜜蜡雕刻当中常见财神的形象，有文财神、武财神、准财神等。

（1）文财神。古时候对于文武财神的区别相当重视，通常来说，崇文之家会多祭拜文财神。文财神的造型是古代的文官打扮，即头戴宰相纱帽，五绺长须，手捧如意，身着蟒袍，足登元宝。文财神的造型很像是天官，不过和天官有一定的区别：天官通常笑容满面，非常慈祥；文财神的面部表情比较肃穆，脸庞清烁。现代的文财神雕件主要是吸取了传统文财神的外形特点和器物造型，基本的寓意就是吉祥和喜庆，造像神态的变化也很明显。传说中的文财神主要有比干、范蠡、李诡祖。

名称：财神

规格：11.22g

产地：波罗的海

市场参考价：5800 元

双鱼雕件

财神把件

（2）武财神。古代的武财神有赵公明和关羽两位。赵公明一开始被视为司命的冥神或掌管秋瘟的瘟神，后来其形象转变为专司金银财宝、迎祥纳福的神仙。其常见形象是：顶盔披甲，穿着战袍，执鞭，面目漆黑，有浓密的胡须，形象威猛，身体周围常围绕着聚宝盆、大元宝、宝珠、珊瑚等器物，寓意财源茂盛。

另外一位武财神是关羽，上面已经介绍过。

（3）准财神。准财神是刘海，他被汉钟离点化，被吕洞宾度为神仙，传说刘海曾经下凡寻找逃走的三腿蟾蜍。这个神话故事经历数代演绎，最后变成了刘海手拿金钱戏耍蟾蜍的样子，刘海因此成了财神的象征，寄托着招财进宝的美好愿望。

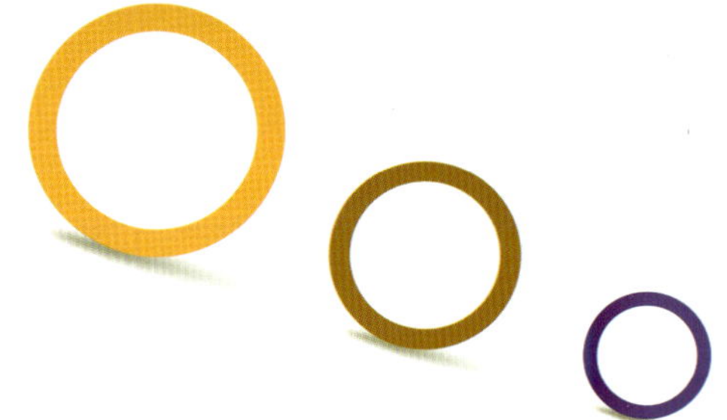

4. 渔翁

这是传说中的捕鱼仙翁，当撒下一网后，便会有很多收获。因此渔翁的形象有了生意兴旺、连连得利的寓意。渔翁题材的雕件也直观地体现了人们希望福祥吉利的想法。

5. 童子

在蜜蜡雕刻中常见到天真活泼、非常可爱的童子形象，童子题材应用得非常广泛，这是传统题材中很常见的种类。童子题材常见的雕刻内容多种多样，有鲜明的特色。常见的题材类型有婴戏、招财童子、戏莲童子等。

6. 刘、关、张

指的是刘备、关羽、张飞。雕刻的题材主要有桃园三结义和三顾茅庐等。

7. 和合二仙

传说唐代有两位高僧，名为寒山和拾得，这两位高僧合称“和合二圣”。这二人一位捧圆盒，另外一位手拿荷花，寓意为和谐、好合。宋代还有“和合之神”，这位神仙笑容可掬，蓬头垢面，穿着绿衣，左手擎鼓，右手执棒。现在经常看到的和合二仙题材，是两位活泼可爱、长发披肩的孩童，一位孩童手持莲花，另一位手捧圆盒，盒中还有蝙蝠飞出，他们相亲相爱，笑容满面，很是让人喜爱，“和合二仙”的形象主要是寄托着希望新婚夫妇白头偕老的希望。

名称：桃

规格：5.3g

产地：波罗的海

市场参考价：1900 元

名称：福禄寿

规格：26.9g

产地：波罗的海

市场参考价：18800 元

蜜蜡雕刻的欣赏

蜜蜡的质量轻而且折射率低，外观温润。触感相当柔和，能够给人一种安详恬静的感觉，因此也变成了闲暇时把玩的常见物品，更有许多人热衷于收藏名家精品，以便保值、增值。下面就介绍一下蜜蜡雕刻欣赏方面的知识。

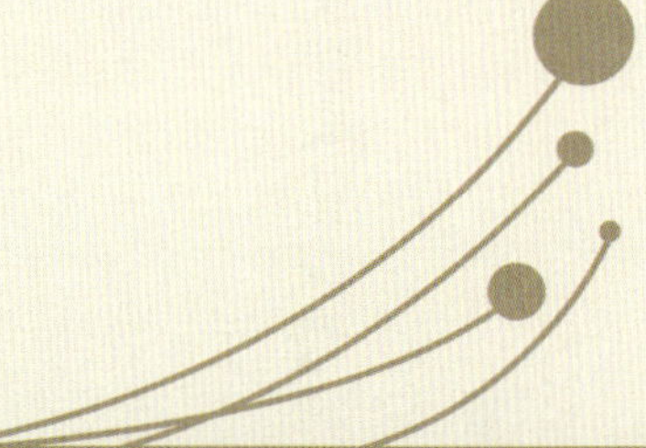

蜜蜡雕刻的手法

（1）阴雕。又名凹雕，是指在宝石、玉石、印石等材料上进行凹入表面的雕刻。

（2）圆雕。还称为“圆身雕”，是一种立体的雕刻。前后左右的各个方向都需要雕刻出来，观赏的角度不分正面和侧面，观察的方向可以是四周、上下任何角度，雕刻的器物很像原型，只是比例有差异而已。圆雕工艺主要应用在素活类和人物类的雕刻中。圆雕工艺品的造型相当逼真，形同实用器物，实际上却是精致的工艺品。

（3）内雕。这种手法工艺相对复杂。在蜜蜡材料上雕刻出二层或三层的景物，难度很大，最近几十年才出现技术上的突破。

名称：代代富贵

规格：8g

产地：波罗的海

市场参考价：2600 元

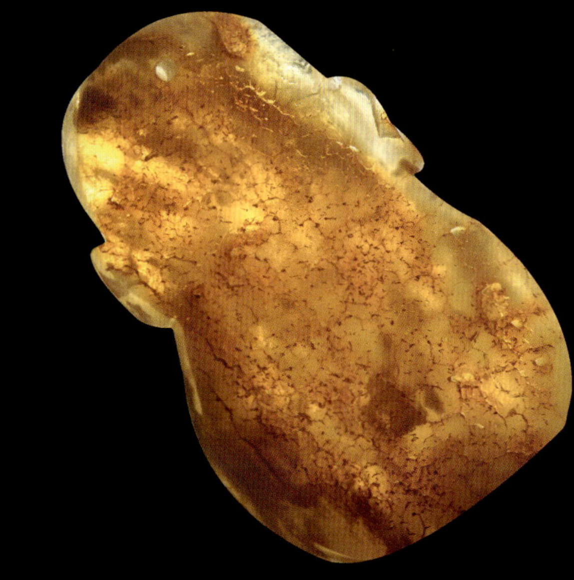

（4）阳雕。又名为凸雕，是指在宝石、玉石、印石等材料上进行凸起于表面的雕刻。依据凸起的高度，具体可以划分成高阳刻、浅阳刻及高浅结合的雕刻方式。

（5）浮雕。这种工艺是在材料上雕刻出浮在表面的各种图案形象。浮雕与凸雕经常混淆。通常来说，浮雕比凸雕的图案更突起于表面，很多时候还会把图案的背景镂空，而凸雕并不采用这种方式。

（6）透雕。又名镂空雕，可以认为是在浅浮雕或深浮雕的基础把雕刻物的底子或背景的部分全部剔空后的产物。经过透雕加工，蜜蜡雕件的层次感更加鲜明，也更加玲珑剔透、纤巧精致。

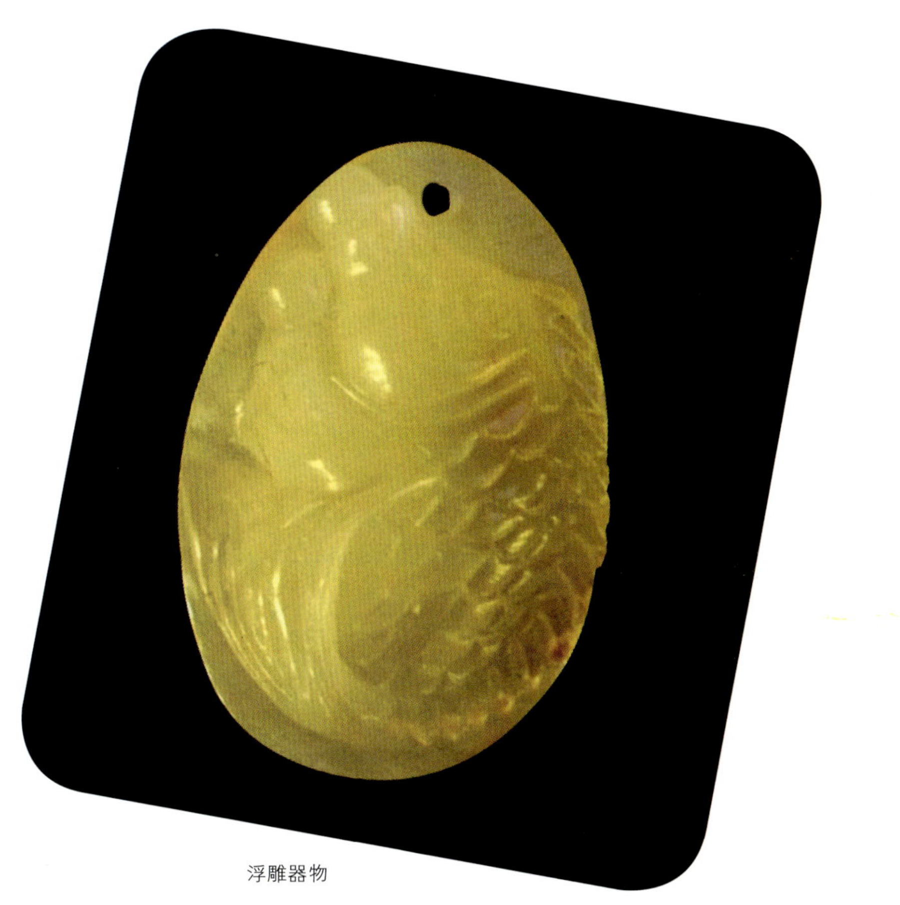

浮雕器物

蜜蜡雕刻的工艺

雕塑艺术被誉为工艺的诗歌，是静止的舞蹈，这种艺术形式是持久的，同时也是高雅的。通常说来，欣赏一件蜜蜡雕刻工艺品，首先要了解工艺品表达的内涵，其次要观察布局和雕工的问题，最后看材质如何。

名称：弥勒佛

规格：16.8g

产地：波罗的海

市场参考价：9800 元

蜜蜡原石雕刻

在蜜蜡的雕刻工艺中，有一种是原石雕刻。蜜蜡的原石未经过精雕细琢，有古朴典雅的特色，在选取蜜蜡原石的时候，最讲究的就是过渡色，花纹要尽量漂亮，这样雕刻出的作品才会出其不意，大放异彩。

下面对蜜蜡雕刻的一些细节问题进行介绍。

◎ 材质

评价蜜蜡的材质，总体的要求是“料大、色正、雕工精”，蜜蜡体积越大，价值越高，色泽纯正而且雕工精湛的蜜蜡作品肯定价值不菲。

名称：弥勒

规格：16.6g

产地：波罗的海

市场参考价：8800 元

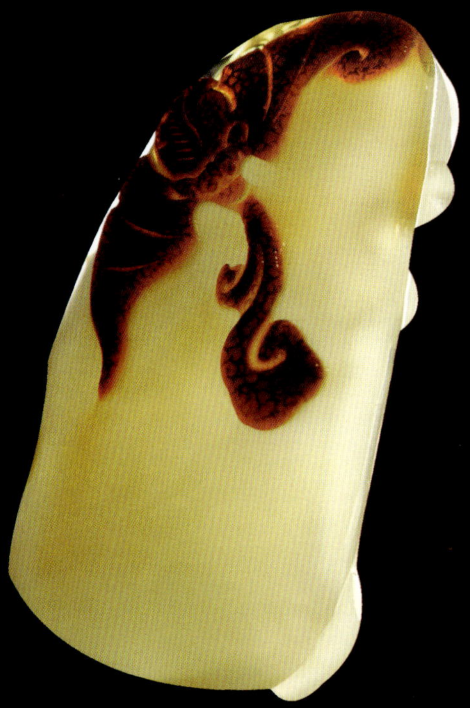

名称：四季如意

规格：12g

产地：波罗的海

市场参考价：26800 元

年年有余吊坠

◎ 题材

如果审视一个蜜蜡雕件，题材就从一个角度上体现出了制作者本身的创作力和想象力。蜜蜡雕件的价值是不是够高，就题材而言，要看题材是否新颖，是不是有回味悠长的意蕴。如果作品本身立意高远、题材新颖，那价值一定很高。

◎ 历史背景

充分认识一件蜜蜡作品的历史背景、当时的文化状况、艺术家创作的心路历程、艺术风格流派，就更容易准确判断其价值。

◎ 线条

蜜蜡雕件基本的线条分为直线、曲线和折线。每种线条的审美特质均不同：直线代表了力量、稳定、生气、刚强；曲线则代表了优美、柔和，很富有动感；折线的意思则是转折、突然、继续，折线的变动则有上升、下降、前进等诸多含义。

优秀的蜜蜡雕件，线条的美感体现在两个方面：第一，线条带有规律性，不能仅仅是东涂西抹、毫无秩序，第二，线条整体的运动感非常顺畅，否则就会流于下乘。

名称：弥勒

规格：5.8g

产地：波罗的海

市场参考价：990 元

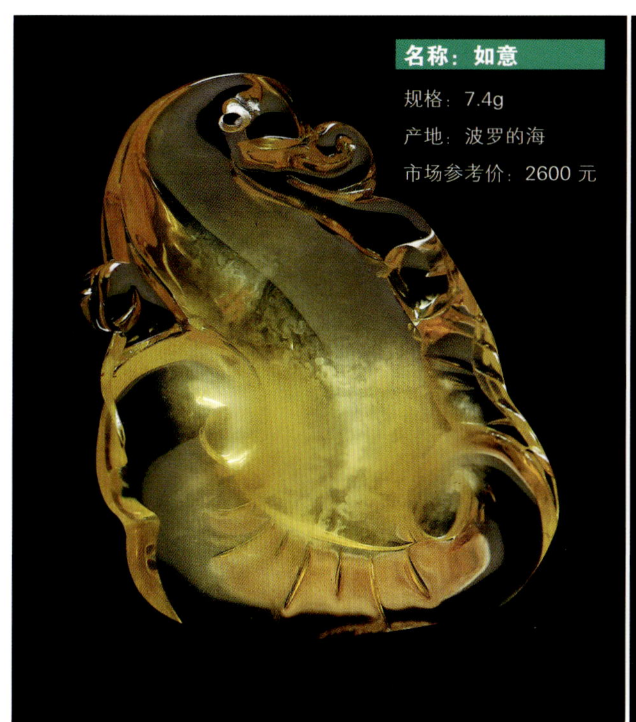

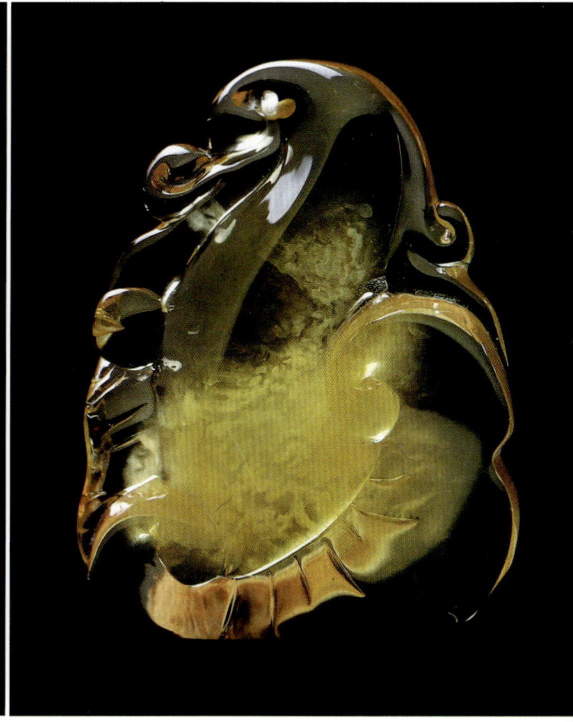

◎ 立体效果

如果蜜蜡雕件的造型是立体的，通常要考虑其整体的效果如何，之后多个侧面进行欣赏；观察雕件与环境的协调性，并在材质、色彩、光线的变化方面进行综合考虑。

◎ 细部处理

蜜蜡的细节处雕刻需要兼顾艺术价值、创造性、独特性，颜色的利用也必须合理。

◎ 韵味

蜜蜡温润光滑，可塑性相当强，相同的题材，可以典雅尊贵，也可以张扬前卫；可以大气，也可以局促；可以惹人沉醉，也可以食之无味。这种情况都是因为蜜蜡雕件中呈现出来的韵味不同，因此收藏者在收藏的时候要仔细品味。

名称：如意

规格：7.1g

产地：波罗的海

市场参考价：2500 元

第六章

蜜蜡精品鉴赏

名称：随形

规格：4.3g

产地：波罗的海

市场参考价：1500 元

名称：随形

规格：2.2g

产地：波罗的海

市场参考价：800 元

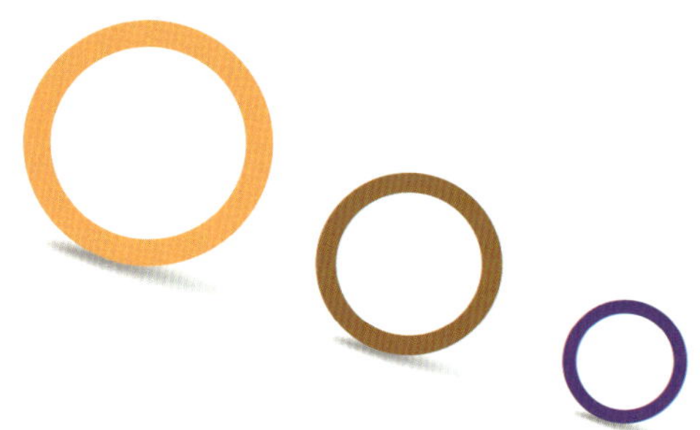

名称：如意

规格：27.34g

产地：波罗的海

市场参考价：11800 元

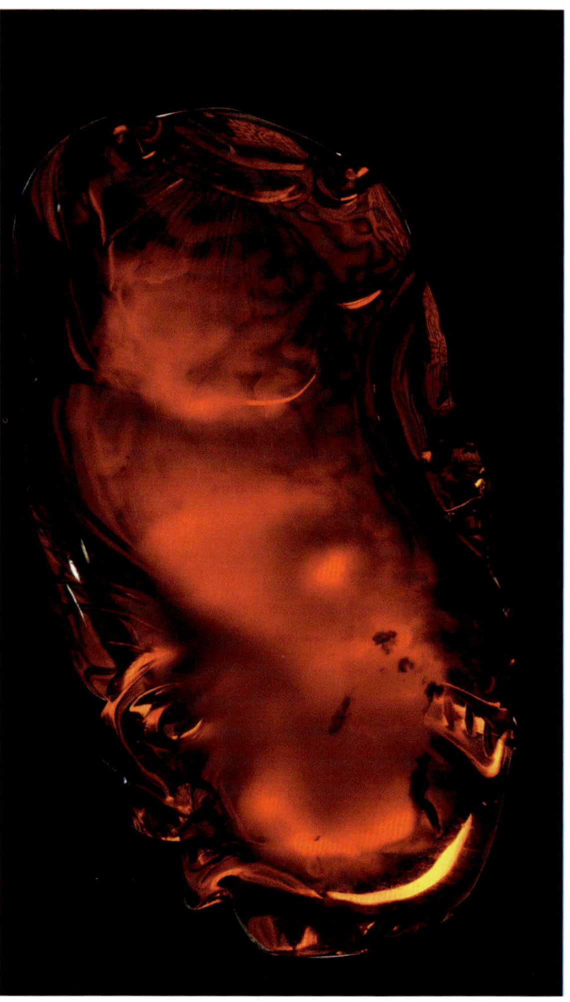

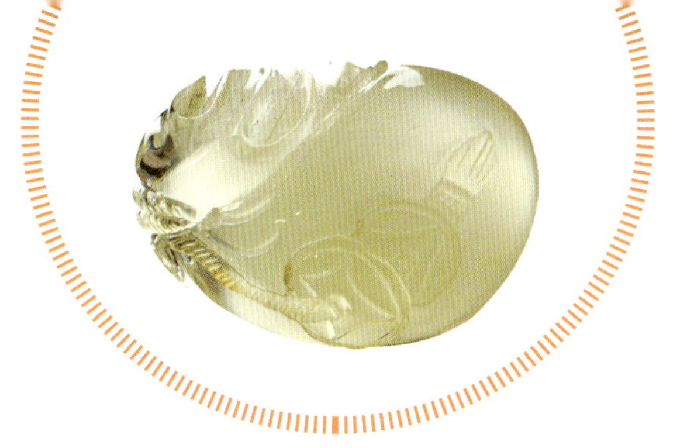

名称：福袋

规格：18.88g

产地：波罗的海

市场参考价：14800 元

名称：福寿万代

规格：16.66g

产地：波罗的海

市场参考价：12800 元

名称：弥勒佛

规格：25.02g

产地：波罗的海

市场参考价：26800 元

名称：福禄

规格：13.3g

产地：波罗的海

市场参考价：6000 元

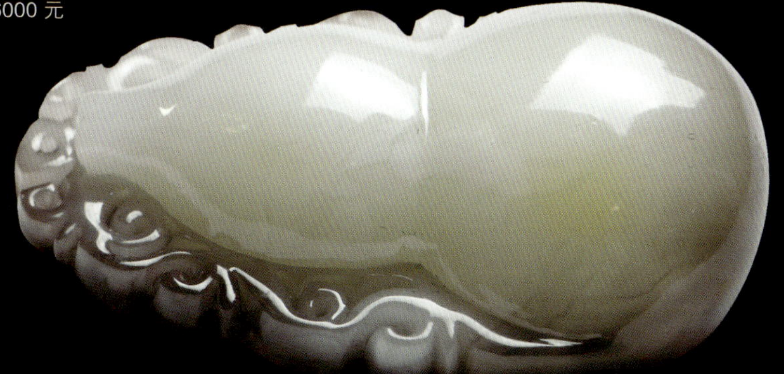

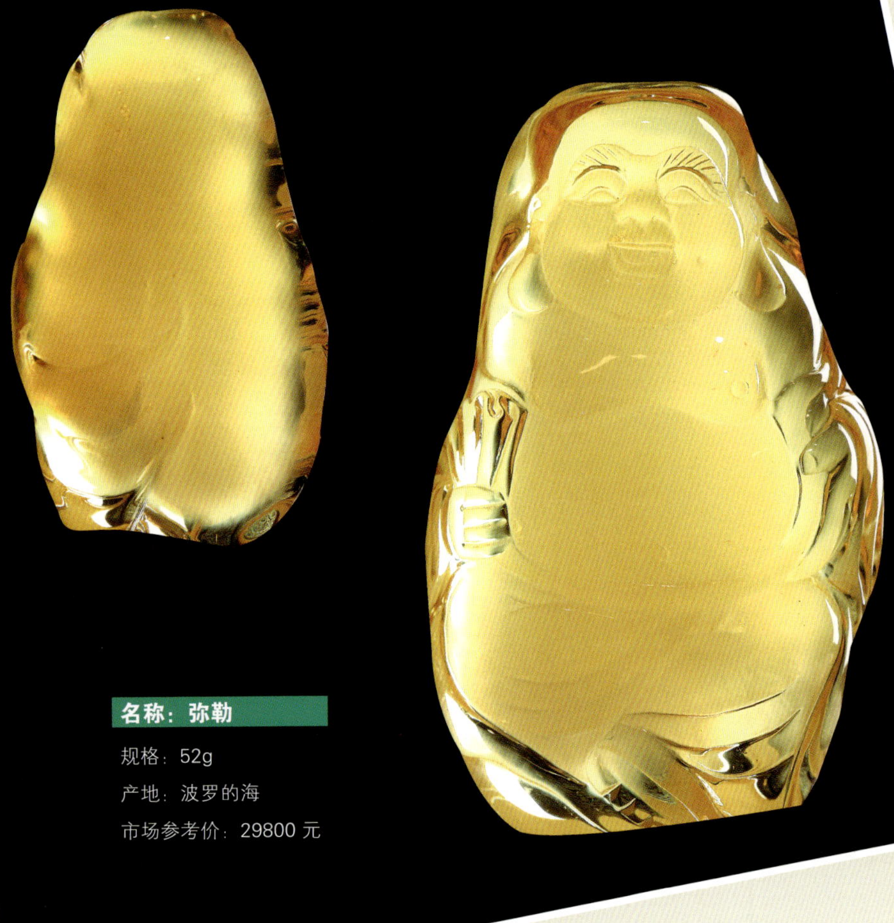

名称：弥勒

规格：52g

产地：波罗的海

市场参考价：29800 元

名称：双面鱼

规格：22.4g

产地：波罗的海

市场参考价：15800 元

名称：寿桃

规格：6.6g

产地：波罗的海

市场参考价：1200 元

名称：龙

规格：6.6g

产地：波罗的海

市场参考价：2800 元

名称：兽回头

规格：6.6g

产地：波罗的海

市场参考价：1200 元

名称：喜上如意

规格：5.8g

产地：波罗的海

市场参考价：1500 元

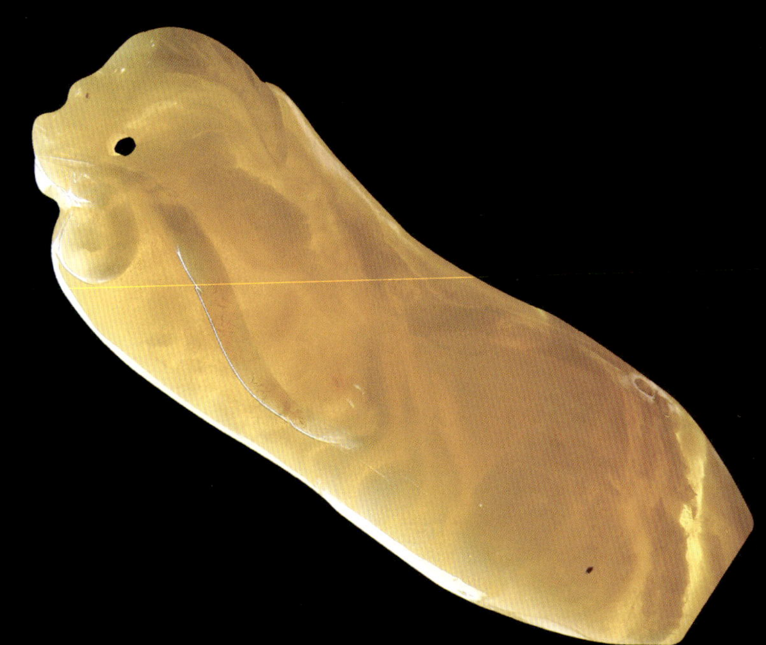

名称：福瓜

规格：4.56g

产地：波罗的海

市场参考价：1100 元

名称：兽如意

规格：6.89g

产地：波罗的海

市场参考价：1200 元

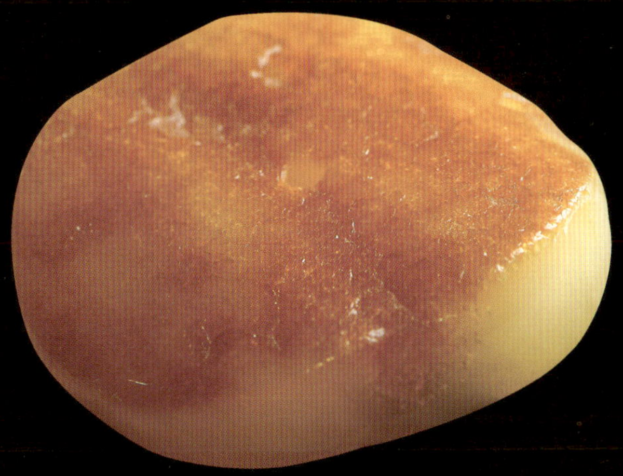

名称：双鬟

规格：8.18g

产地：波罗的海

市场参考价：1500 元

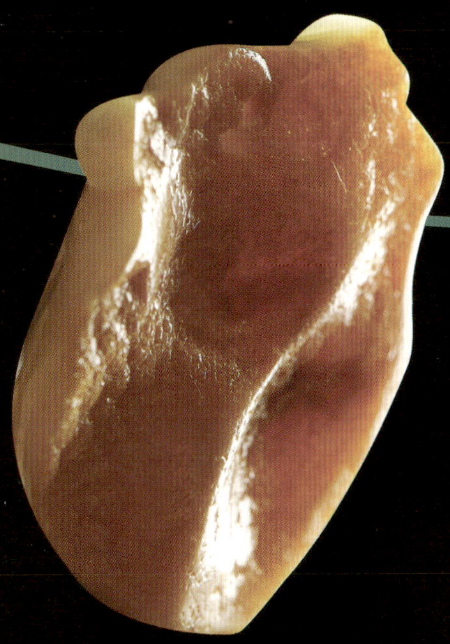

名称：如意寿桃

规格：5.79g

产地：波罗的海

市场参考价：1200 元

名称：连年有余

规格：7.8g

产地：波罗的海

市场参考价：1600 元

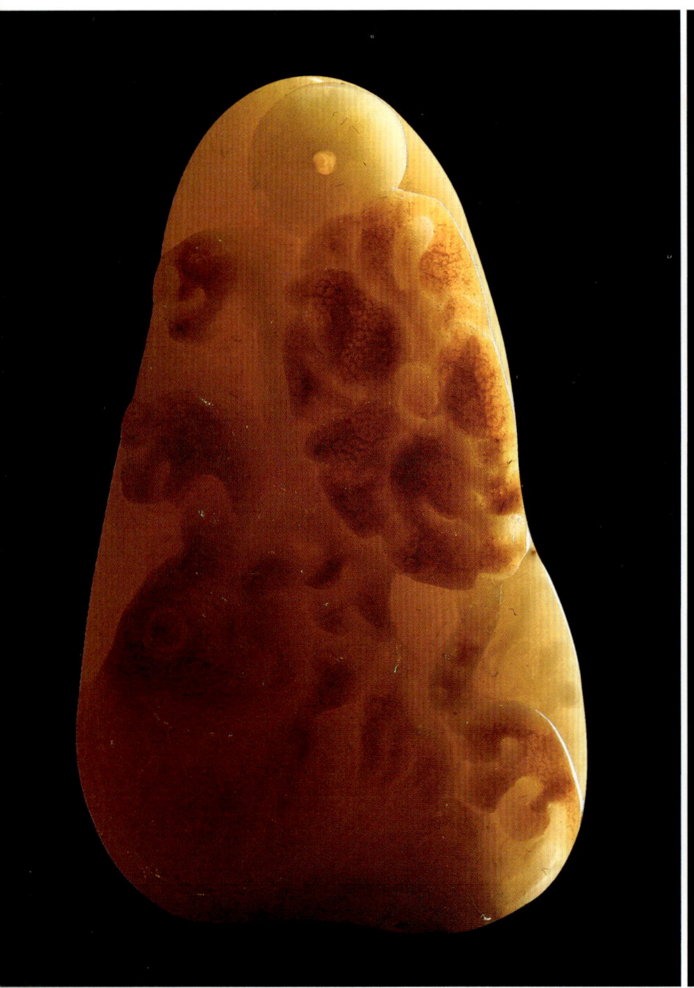

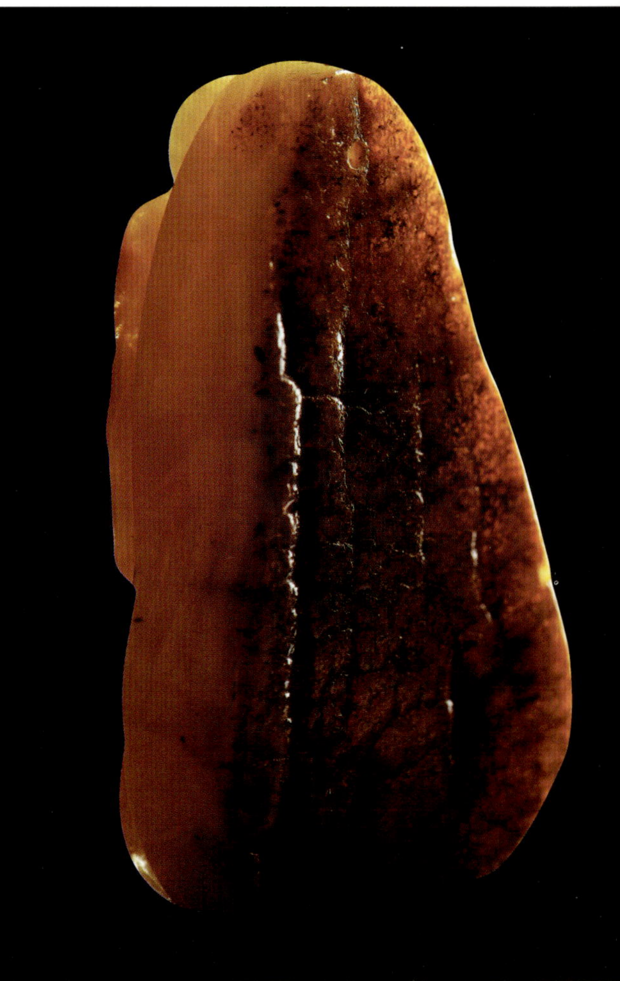

名称：多子多福

规格：88g

产地：波罗的海

市场参考价：52800 元

名称：108 颗老蜜蜡念珠

规格：0.8cm（单珠直径）

产地：波罗的海

市场参考价：11000 元

名称：216 颗念珠

规格：0.5cm（单珠直径）

产地：波罗的海

市场参考价：5000 元

名称：钱袋

规格：8.3g

产地：波罗的海

市场参考价：2900 元

名称：年年有余

规格：56.3g

产地：波罗的海

市场参考价：40000 元

名称：福禄

规格：6.95g

产地：波罗的海

市场参考价：2500 元

名称：福瓜

规格：6.1g

产地：波罗的海

市场参考价：2100 元

名称：如意

规格：6.6g

产地：波罗的海

市场参考价：2400 元

名称：福在眼前

规格：6.7g

产地：波罗的海

市场参考价：2300 元

名称：如意

规格：5.5g

产地：波罗的海

市场参考价：1900 元

名称：如意

规格：7.7g

产地：波罗的海

市场参考价：2700 元

名称：如意

规格：5.5g

产地：波罗的海

市场参考价：1800 元

名称：貔貅

规格：5.2g

产地：波罗的海

市场参考价：1900 元

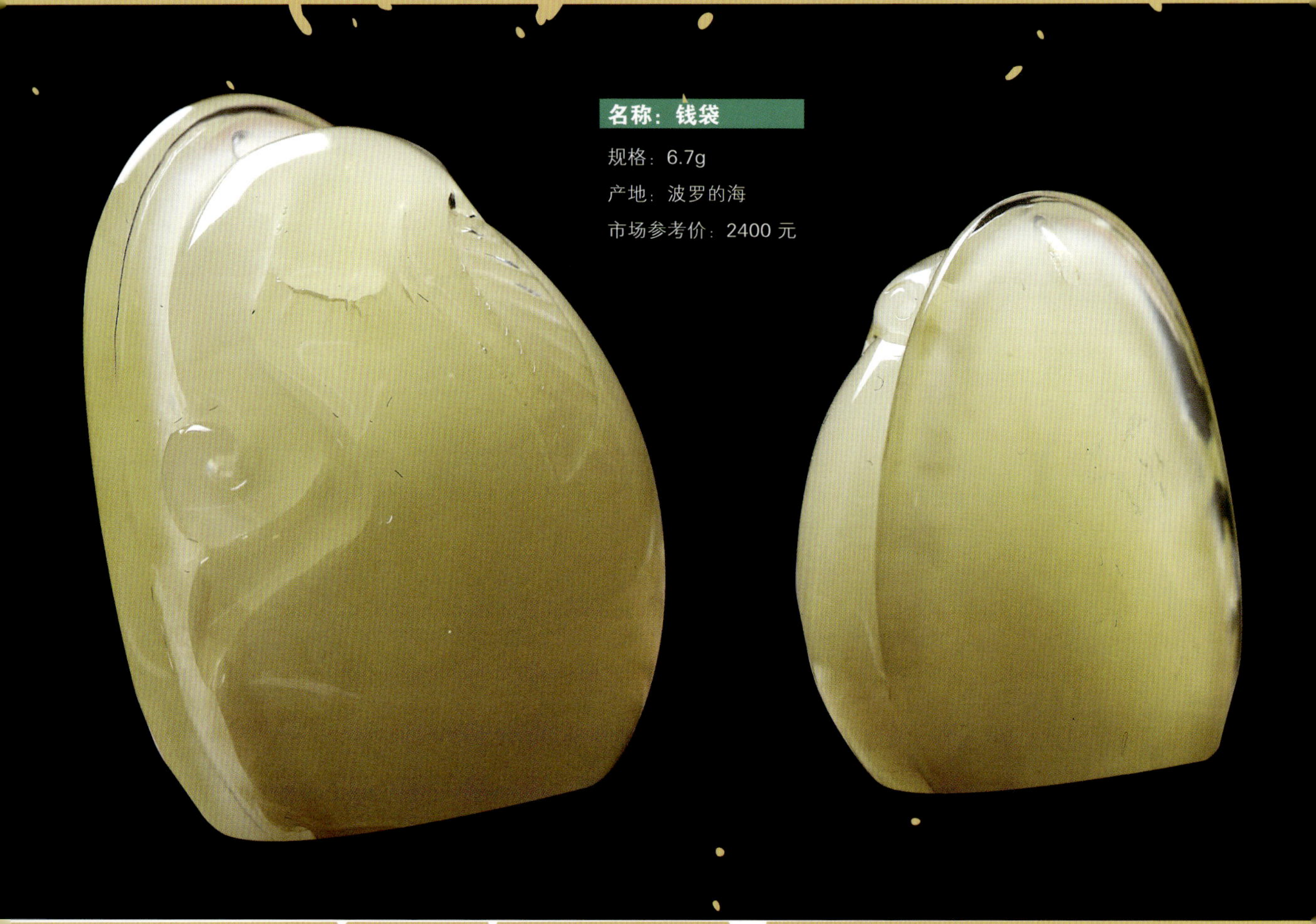

名称：钱袋

规格：6.7g

产地：波罗的海

市场参考价：2400 元

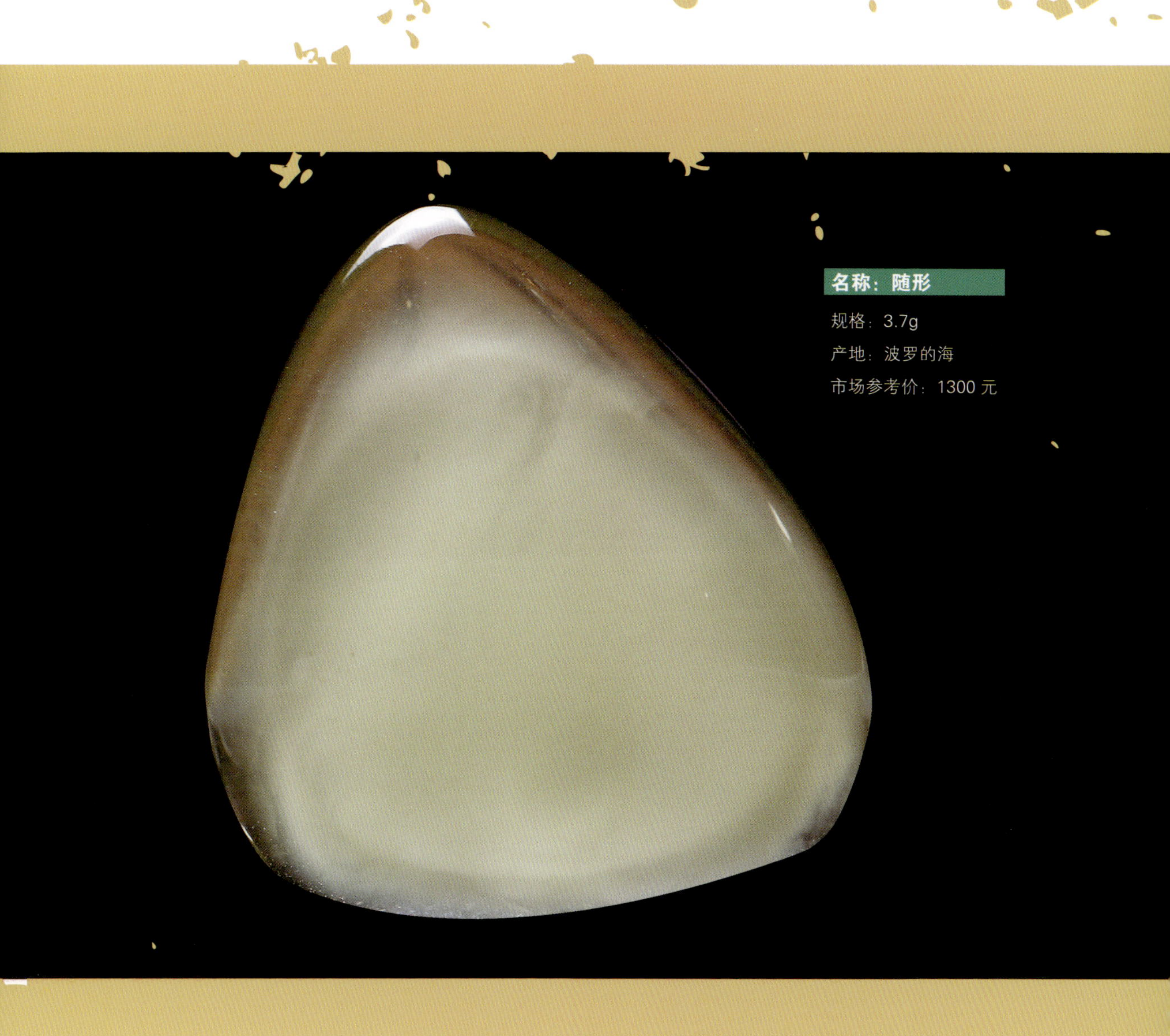

名称：随形

规格：3.7g

产地：波罗的海

市场参考价：1300 元

名称：随形

规格：3.8g

产地：波罗的海

市场参考价：1300 元

名称：随形

规格：3.2g

产地：波罗的海

市场参考价：1100 元

名称：随形

规格：1.9g

产地：波罗的海

市场参考价：700 元

名称：随形

规格：2.4g

产地：波罗的海

市场参考价：860 元

名称：随形

规格：4.8g

产地：波罗的海

市场参考价：1700 元

名称：随形

规格：2.5g

产地：波罗的海

市场参考价：900 元

名称：随形

规格：2.9g

产地：波罗的海

市场参考价：1000 元

名称：随形

规格：2.9g

产地：波罗的海

市场参考价：1000 元

名称：随形

规格：3.9g

产地：波罗的海

市场参考价：1400 元

名称：随形

规格：3g

产地：波罗的海

市场参考价：1000 元

名称：随形

规格：4.2g

产地：波罗的海

市场参考价：1500 元

名称：随形

规格：4.2g

产地：波罗的海

市场参考价：1500 元

名称：随形

规格：3.2g

产地：波罗的海

市场参考价：1100 元

名称：随形

规格：3.1g

产地：波罗的海

市场参考价：1100 元

名称：瑞兽

规格：7.2g

产地：波罗的海

市场参考价：2600 元

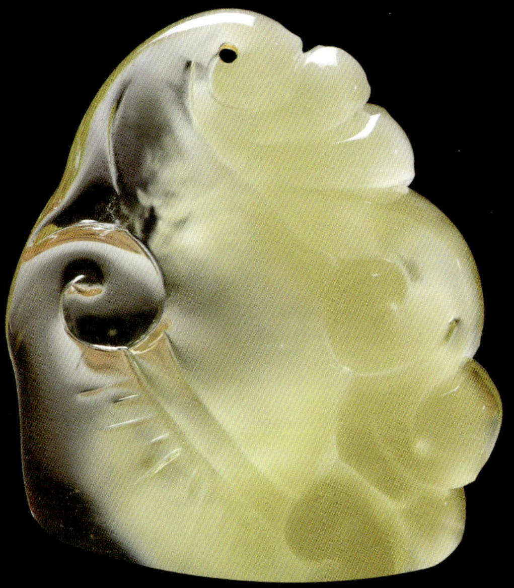

名称：“鹅”如意

规格：5g

产地：波罗的海

市场参考价：1800 元

名称：节节高

规格：5.1g

产地：波罗的海

市场参考价：1800 元

名称：福在眼前

规格：5.5g

产地：波罗的海

市场参考价：2000 元

名称：福在眼前

规格：5.5g

产地：波罗的海

市场参考价：2000 元

名称：福瓜

规格：7.6g

产地：波罗的海

市场参考价：2700 元

名称：福瓜

规格：6.9g

产地：波罗的海

市场参考价：2400 元

名称：福禄

规格：5g

产地：波罗的海

市场参考价：1800 元

名称：福瓜

规格：5.3g

产地：波罗的海

市场参考价：1900 元

名称：石榴

规格：7.4g

产地：波罗的海

市场参考价：2600 元

名称：弥勒佛

规格：7.7g

产地：波罗的海

市场参考价：5800 元

名称：弥勒佛

规格：14.7g

产地：波罗的海

市场参考价：7800 元

名称：弥勒佛

规格：14.8g

产地：波罗的海

市场参考价：8800 元

名称：弥勒佛

规格：12.2g

产地：波罗的海

市场参考价：7800 元

名称：弥勒佛

规格：13.9g

产地：波罗的海

市场参考价：8800 元

名称：弥勒佛

规格：13.5g

产地：波罗的海

市场参考价：8800 元

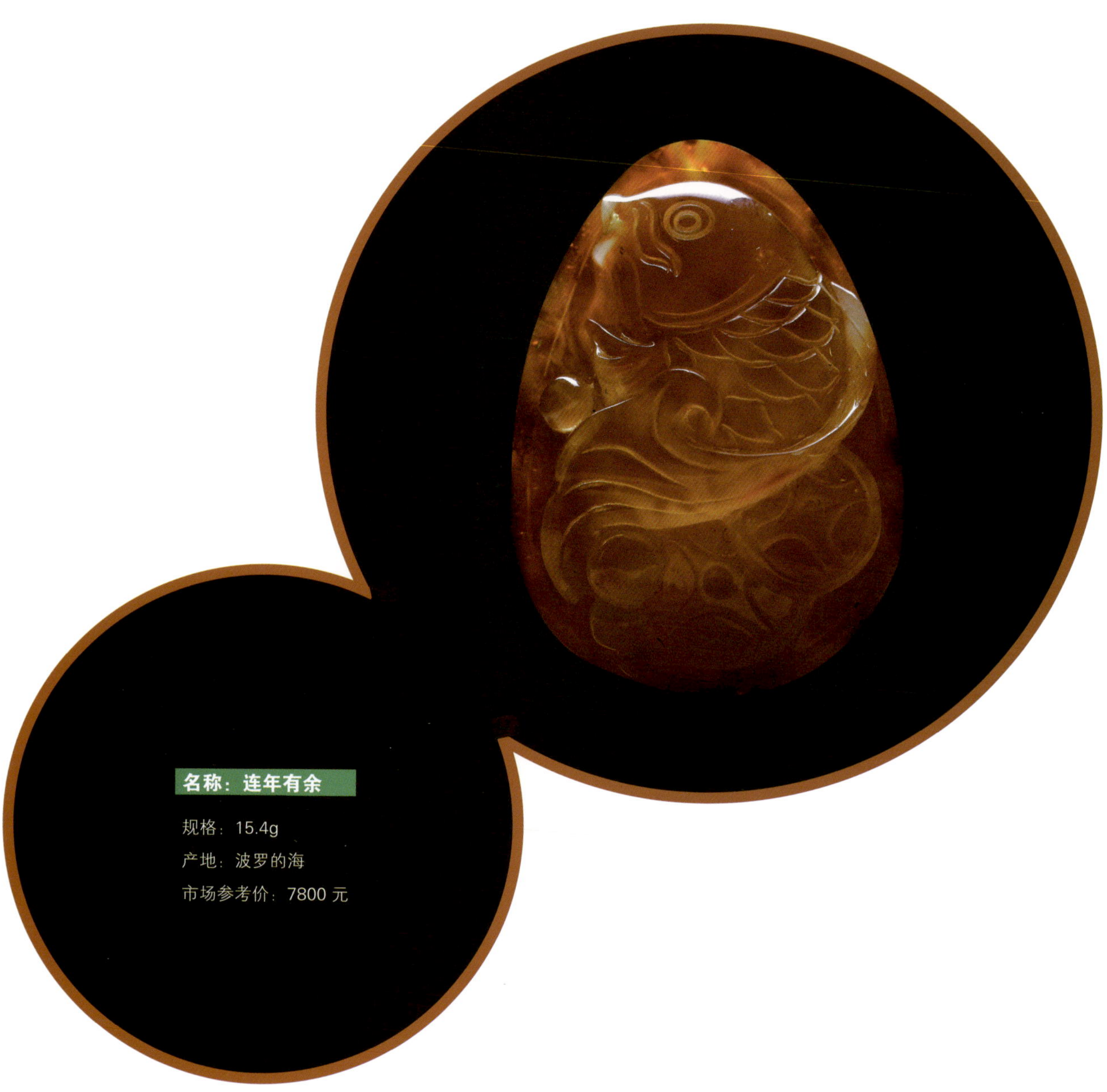

名称：连年有余

规格：15.4g

产地：波罗的海

市场参考价：7800 元

名称：钱袋

规格：11g

产地：波罗的海

市场参考价：5800 元

名称：钱袋

规格：17.6g

产地：波罗的海

市场参考价：8800 元

名称：弥勒

规格：17.5g

产地：波罗的海

市场参考价：12000 元

名称：弥勒

规格：16.4g

产地：波罗的海

市场参考价：12000 元

名称：年年有余

规格：46.6g

产地：波罗的海

市场参考价：32000 元

名称：连年如意

规格：36g

产地：波罗的海

市场参考价：26000 元

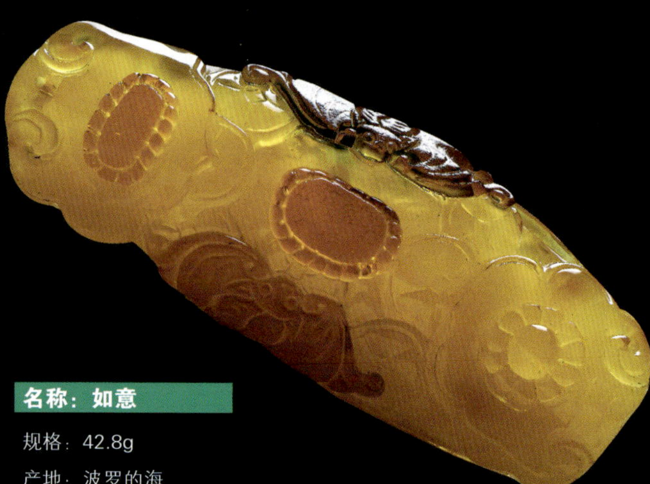

名称：如意

规格：42.8g

产地：波罗的海

市场参考价：36000 元

名称：随形

规格：45.7g

产地：波罗的海

市场参考价：25800 元

名称：随形

规格：32g

产地：波罗的海

市场参考价：19800 元

名称：随形

规格：2.2g

产地：波罗的海

市场参考价：800 元

后记
Postscript

与钻石、水晶等外观出众、引人注目的宝石相比，蜜蜡的外观并没有那么光鲜靓丽，知名度也没有钻石、水晶那么高。不过，近年来蜜蜡的知名度日渐提高，收藏者越来越多，且认同度也越来越高。

蜜蜡和水晶、玉石等宝石相比较，并没有那种清冷的气质，因为蜜蜡是一种有机宝石，它散发出来的感觉是温润而柔和的。蜜蜡常见的颜色是黄色，在黄色之外，还有其他的色彩，优质的天然蜜蜡经过优化工艺，会呈现出更加动人的美感。

蜜蜡的美丽不必用太多笔墨来说明，当收藏蜜蜡的风气日盛，蜜蜡的市场也变得鱼龙混杂。蜜蜡按照品质的差异，可以有不同的价位，但是很多假冒的蜜蜡和一些经过特殊处理的劣质蜜蜡冒充真蜜蜡、高档蜜蜡在出售，让收藏爱好者难以分辨。

为了让蜜蜡的收藏爱好者能够了解蜜蜡的知识，掌握一些蜜蜡收藏和鉴赏的基本技巧，我们编著了本书。在图书编著的过程中，我们特意前往天津河西区徽州道福至里，拜访了蜜蜡的专业经营机构磐金阁。在向经理李津成先生道明来意后，李先生不仅为我们讲述了许多蜜蜡收藏的知识，还带我们参观了店内藏品，并为我们提供了许多精美的蜜蜡实物图片，供我们编撰图书使用，在此我们要向李津成先生表达真诚的谢意！

蜜蜡的美丽毋庸置疑，但是蜜蜡的收藏并非易事。希望读者朋友能够通过本书了解更多的蜜蜡常识，更好地收藏、赏玩蜜蜡。由于水平有限，书中难免会有不足之处，希望朋友们批评指正。

总 策 划

王丙杰　贾振明

责任编辑

张杰楠

排版制作

腾飞文化

编 委 会（排序不分先后）

林婧琪　邹岚阳　鲁小娴

默　梵　玉艺婷　向问天

夏弦月　吕陌涵　潇诺尔

责任校对

姜菡筱　宣　慧

版式设计

吕记霞

图片提供

秦志勇　李津成

保定恒祥北大街宝兴楼

天津河西区徽州道福至里磐金阁